Dieses unterhaltsame Buch versammelt all die Dinge, die Eltern mit ihrem Kind getan haben sollten, damit es für das Leben gerüstet ist: von der Mutprobe bis zur Reise an den Ort der Träume. So poetisch diese Dinge besetzt sind, man sollte ihr Eintreten nicht dem Zufall überlassen. Denn unvergessliche Erlebnisse in der Kindheit prägen uns ein Leben lang – und wir erinnern uns gern an sie zurück.

Hans Rath, Jahrgang 1965, ist als Drehbuchautor tätig und veröffentlichte 2009 seinen ersten Roman «Man tut, was man kann». 2010 folgte «Da muss man durch».

Edgar Rai, Jahrgang 1967, hat drei Kinder und lebt als freier Autor in Berlin. Zuletzt erschienen seine Romane «Vaterliebe (2008), «Salto rückwärts» (2009) und «Nächsten Sommer» (2010).

HANS RATH
EDGAR RAI

88
DINGE

die Sie mit Ihrem Kind
gemacht haben sollten,
bevor es auszieht

Mit Illustrationen
von Anja Filler

Rowohlt Taschenbuch Verlag

Originalausgabe
Veröffentlicht im Rowohlt Taschenbuch Verlag,
Reinbek bei Hamburg, März 2011
Copyright © 2011 by Rowohlt Verlag GmbH,
Reinbek bei Hamburg
Illustrationen Anja Filler
Lektorat Angela Troni
Umschlaggestaltung ZERO Werbeagentur, München
(Illustration: Anja Filler)
Satz Minion PostScript, InDesign,
bei KCS GmbH, Buchholz bei Hamburg
Druck und Bindung CPI – Clausen & Bosse, Leck
Printed in Germany
ISBN 978 3 499 62673 9

Inhalt

Gebrauchsanweisung 7   1. Zeit verplempern 9   2. Zu zweit sein 12   3. Sich durchsetzen 14   4. Ängste teilen 16   5. Etwas bauen, das schwimmt 18   6. Vor Publikum auftreten 21   7. Mit Anstand verlieren 24   8. Shoppen 27   9. Über Liebe reden 29   10. Säen und ernten 31   11. Beleidigen und beleidigt sein 34   12. Eine Geheimsprache erfinden 36   13. Mit Wut umgehen 38   14. Kirschen klauen 40   15. Sich streiten 43   16. Sich einen Sonnenbrand holen 45   17. Über sich selbst lachen 47   18. Einander Geschichten erzählen 49   19. Lästern 51   20. Ein Haustier schenken 53   21. Improvisieren 56   22. Mit den Fingern essen 58   23. Tischmanieren beibringen 60   24. Die größte Sandburg bauen 63   25. Einen Film drehen 64   26. Abschied nehmen 67   27. Etwas sammeln 69   28. Von einem Felsen springen 72   29. Prioritäten setzen 74   30. Angst und Schrecken verbreiten 77   31. Einander etwas schenken 80   32. Mit Fremdem umgehen 83   33. Phantastische Reisen unternehmen 85   34. Beibringen, ein Instrument zu spielen 87   35. Zivilen Ungehorsam üben 90   36. Einen Tag auf dem Flohmarkt verbringen 92   37. Gemeinsam ein Buch lesen 95   38. Zaubern und entzaubern 97   39. Die Welt erklären 99   40. Vergangenes lebendig werden lassen 102   41. Etwas bauen, das fliegt 104   42. Freudvoll scheitern 107   43. Lehrern die Stirn bieten 109   44. Grenzen respektieren 111   45. Die Nacht zum Tag machen 114   46. Sich schick machen 117   47. Einen Sport nahebringen 119   48. Feiern 121   49. Einen Plan

machen 124 50. Unordentlich sein 126 51. Einen
botanischen Garten besuchen 128 52. Ein Legoboot aus
zweitausend Einzelteilen unter dem Weihnachtsbaum
zusammenbauen 130 53. Wünschen lernen 132
54. Gemeinsam kochen 135 55. Hausaufgaben machen 138
56. Unsicherheit zeigen/Verzweiflung eingestehen 140
57. Paris sehen 142 58. Mit körperlichem Schmerz
umgehen 145 59. Luxus schätzen lernen 149 60. Ein
Massenevent besuchen 151 61. Anspruchsvolle Musik
hören 153 62. Den Wert von Freundschaft erkennen 155
63. Lügen lernen 158 64. Zusammen zocken 162
65. Warten 165 66. Etwas Einmaliges erleben 166
67. Ein Haus bauen 168 68. Einen Berg besteigen 170
69. Geborgenheit erleben 173 70. Von sich erzählen 175
71. Kompromisse finden 177 72. Digitalfasten 180 73. Aus
Jux herumrasen 183 74. Ans Meer fahren 186 75. Schach
spielen 189 76. Einander Briefe schreiben 191 77. Den
ersten Alkohol trinken 193 78. Etwas reparieren 195
79. Pilze suchen und finden 197 80. Über Sex
reden 200 81. Großreinemachen 202 82. Gemeinsam
an der Playstation daddeln und sich Social Media erklären
lassen 204 83. Eine Kerze anzünden 206 84. Eine
Fahrstunde geben 209 85. Sein Leben in die eigene Hand
nehmen 211 86. Eine Welle reiten 214 87. Persönlichkeit
entdecken 216 88. Die Welt retten 218 89. Bonustrack –
Eltern sind auch nur Kinder 222

Gebrauchsanweisung

Liebe Leserin, lieber Leser,

als Sie eben dieses Buch in die Hand nahmen, haben Sie sich möglicherweise gefragt, wozu Sie einen Ratgeber brauchen, der Ihnen sagt, was Sie mit Ihrem Kind machen sollen. Als wüssten Sie das nicht selbst.

Sie haben recht. Sie brauchen dieses Buch nicht. Dies ist kein Buch, das «gebraucht» werden will. Wir werden Ihnen nicht erklären, wie Sie Ihr Kind aufzuziehen haben. Das wissen Sie hoffentlich ebenso gut wie wir, oder besser.

Trotzdem mögen sich die Ideen, Informationen und Überlegungen, die zwischen diesen Deckeln versammelt sind, in Ihren Augen als hilfreich oder erhellend erweisen. Was Sie aus den folgenden 88 Dingen für sich herausziehen möchten, sei ganz Ihnen überlassen. Auch erwarten wir nicht, dass Sie unsere Ansichten teilen oder gar übernehmen. Das haben wir untereinander auch nicht getan. Manches Mal waren wir uns sogar derart uneins, dass wir es für nötig hielten, dasselbe Thema von zwei Seiten zu beleuchten, so zum Beispiel bei «Mit den Fingern essen» und «Tischmanieren beibringen».

Wenn es Ihnen hingegen mit *88 Dinge, die Sie mit Ihrem Kind gemacht haben sollten, bevor es auszieht* so ergeht, dass Sie Ihr Kind hin und wieder in neuem Licht sehen, sich anregen, überraschen und vielleicht sogar inspirieren lassen, dann haben wir Sie genau da, wo wir Sie haben wollen. Oft stellt sich nämlich im Umgang mit unseren Kindern bereits eine unerwartete Leichtigkeit ein, wenn wir uns Dinge, die wir eigentlich schon wissen oder zu wissen glauben, auf eine neue Weise bewusst machen.

Nicht, dass wir uns falsch verstehen: Kinder sind gierige Rotznasen, ständig im Weg, rauben uns den letzten Nerv, schlafen so gut wie nie durch und quatschen immer dazwischen. Doch sie sind auch: ein großes, wundervolles Abenteuer. Und das wollten wir Sie in diesem Buch 88 Mal wissen lassen.

Edgar Rai und Hans Rath

1. Zeit verplempern

Zeit ist kostbar. Nicht unbedingt, wenn man sie im Büro absitzen muss, aber beispielsweise im Urlaub. Da gilt es als Luxus, ganz viel Zeit zu haben. Und zwar so viel, dass man sie regelrecht verplempern kann. Kinder kennen das Prinzip instinktiv. Da sie aus Sicht der Erwachsenen eine Menge Zeit damit vertun, wenig sinnvolle Spiele zu spielen, rumzuhängen oder die Erledigung unliebsamer Tätigkeiten aufzuschieben, scheint es unnötig zu sein, ihnen zu zeigen, wie man Zeit verplempert. Eigentlich müsste man eher den Erwachsenen beibringen, nicht allzu viel Zeit mit blöden Jobs, sinnlosen Diskussionen oder dem falschen Partner zu verschwenden.

Aber genau da liegt der Hase im Pfeffer. Damit Kinder als Erwachsene nicht unzählige Ratgeber lesen müssen, die ihnen erklären, wie sie ihre Zeit effektiv gestalten und optimal einteilen können, muss man ihnen nicht nur zeigen, wie sie Zeit sinnvoll nutzen, sondern eben auch, wie man sie genüsslich verplempert. Wir reden hier nicht von klassischer Freizeit, denn auch die wird in der heutigen Leistungsgesellschaft ja gerne unter Nutzaspekten betrachtet, daher auch der Begriff «sinnvolle Freizeitbeschäftigung». Sinnvoll ist beispielsweise, den Alltagsstress durch Wellnessaktivitäten abzubauen oder mangelnde Bewegung im Job durch Freizeitsport zu kompensieren.

Zeit zu verplempern ist quasi eine Unterabteilung der Freizeit. Hier geht es darum, im wahrsten Sinne des Wortes planlos vorzugehen, also sämtliche Aufgaben und Aktivitäten beiseitezuschieben und sich zu fragen: Worauf hab ich eigentlich jetzt gerade Lust? Wahrscheinlich wird Ihr Kind eine Beschäftigung wählen, die es sowieso gerne mag und die es sich vielleicht auch ohne Ansage gewünscht hätte. Der Unterschied zur sinnlosen Freizeitbeschäfti-

gung besteht darin, dass es nun eben diesen Unterschied kennt. Das Kind weiß, dass es Herr über seine Zeit ist und dass man in selbiger entweder etwas leisten oder sie eben verplempern kann. Diese Erkenntnis ist selbst für manche Erwachsene ein ziemlich schwerer Brocken, deshalb ist es auch in Ordnung, wenn Kinder eine Weile brauchen, um sie zu verstehen: Zeit ist kostbar, aber eben nur dann, wenn wir uns zu ihrem willfährigen Sklaven machen.

Am schwierigsten ist die Aufgabe für die Erwachsenen. Zwar kennen auch Kinder zunehmend Freizeitstress, aber das enge Zeitkorsett, in das die meisten Erwachsenen gezwängt sind, ist ihnen fremd. Deshalb haben Erwachsene beim Zeitverplempern rasch das Gefühl, dass ihnen ebenselbige wegläuft. Just dieses Gefühl muss man als Erwachsener in den Griff bekommen.

Beachten Sie die folgenden drei Regeln, wenn Sie Ihrem Kind (und vielleicht auch sich selbst) beibringen, Zeit zu verplempern, dann kann eigentlich nichts schiefgehen:

- Bereiten Sie das Zeitverplempern heimlich vor. Dass Sie ohnehin einen freien Tag haben, muss das Kind nicht wissen.
- Gemacht wird, worauf ein jeder gerade Lust hat. Da Ihr Kind dabei auch lernen soll, auf seine innere Stimme zu hören, gehen dessen Wünsche vor. Versuchen Sie ernsthaft, die Wünsche Ihres Kindes zu erfüllen. Ein Kamelritt oder ein großer Eimer Eiscreme sind nicht per se schlechte Ideen.
- Das Zeitverplempern ist erst dann zu Ende, wenn Ihr Kind keine Lust mehr hat.

2. Zu zweit sein

Kinder möchten ihre Eltern am liebsten ganz für sich allein haben. Maximale Aufmerksamkeit. Meins. Haben. Weg da. Teilen ist vollscheißkakablöd! Wenn sie zu uns ins Bett kriechen, dann am liebsten in die Mitte, Mama links, Papa rechts. Alles meins. Und zwar nur meins. Nicht einmal Vater und Mutter dürfen sich dann unterhalten. Paradiesische Zustände.

Leider lässt die Vertreibung aus dem Paradies nicht lange auf sich warten. Bald schon beanspruchen die dreisten Eltern Aufmerksamkeit für sich, den Job, Freunde, Hobbys, und das Kind wird in die Kita geschickt, den Kindergarten, die Schule. Allerspätestens wenn ein Geschwisterkind im Anmarsch ist oder sich die Eltern trennen und das Kind sich plötzlich in einer Patchwork-Familie wiederfindet, ist es vorbei mit der ungeteilten Aufmerksamkeit. Und zwar endgültig. Dann gibt es nie mehr nur «ich», und falls doch, dann höchstens in homöopathischen Dosen. Und was muss das Kind sich anhören, wenn es vor Wut gegen den Tisch tritt? «He, du bist nicht alleine auf der Welt!»

Unerhört! Die ganze Kindheit ist eine einzige Lektion im Verzichtüben. Schwupps ist man zehn, elf Jahre alt und hat das Gefühl, die ungeteilte Aufmerksamkeit stehe einem erstens sowieso nicht mehr zu, und zweitens brauche man sie auch gar nicht mehr wirklich. Stimmt vielleicht sogar. Nur geht es hier nicht um das, was Ihr Kind unbedingt *braucht*, sondern darum, was es sich *wünscht*. Auch ein bereits relativ reifes Kind wünscht sich wenigstens von Zeit zu Zeit, Sie ganz allein für sich zu haben.

Viele von Ihnen mögen jetzt einwenden, den Kindern werde heutzutage ohnehin zu viel Aufmerksamkeit zuteil. Unser gesamtes Leben drehe sich nur noch um die lieben Kleinen. Wir würden uns ihm geradezu unterwerfen. Manch einer mag sogar überzeugt sein, dass wir unsere Kinder durch ein Übermaß an Aufmerksamkeit zu kleinen Tyrannen erziehen. Sollte das bei Ihnen der Fall sein, drehen Sie den Spieß einfach um, und buchen Sie für Ihr Kind ein hübsches Ferienzeltlager, wo ihm gar nichts anderes übrigbleibt, als sich anzupassen und die eigenen Ansprüche zurückzuschrauben. Auch eine schöne Sache.

Sollten Sie jedoch nach eingehender Selbstbefragung zu dem Schluss kommen, dass in Ihrem Fall die Ansprüche Ihres Kindes zwischen Arbeit, Familie und den Anforderungen des Alltags eher zerrieben werden, und sollten Sie darüber hinaus das deutliche Gefühl haben, dass es sowohl für Sie als auch für Ihr Kind mal wieder an der Zeit wäre, nur füreinander da zu sein, dann sollten Sie sich genau dafür ein paar Tage Zeit nehmen. Fahren Sie weg. Nur Sie und Ihr Kind. Keine schmutzige Wäsche, keine Arbeit, keine Verpflichtungen. Paradiesische Zustände.

3. Sich durchsetzen

Haben Ihre Eltern Sie als Kind mit unkonventionellen Methoden dazu angehalten, sich durchzusetzen? Wurden Sie beispielsweise zum Tatort Ihrer vermeintlichen Charakterschwäche gezerrt, um in einem zweiten Anlauf und unter elterlicher Aufsicht Ihre Durchsetzungskraft unter Beweis zu stellen? Etwa zum Nachbarskind, das den geliehenen Ball nicht wieder rausrücken wollte? Oder zum Obststand auf dem Markt, wo Sie sich mit zweitklassiger Ware haben abspeisen lassen? Solche Erziehungsmaßnahmen waren im vergangenen Jahrhundert nicht selten, und manchem Erwachsenen sträuben sich noch heute beim Gedanken an ähnliche Erlebnisse die Nackenhaare.

Für Eltern ist das Thema nach wie vor neuralgisch. In einer Leistungsgesellschaft gilt es als überaus wichtig, starke Ellenbogen zu haben, wenn man vorwärtskommen will. Man stelle sich nur einmal vor, ein Kind strotzte nur so vor Allgemein- und Spezialwissen, könnte dies in mehreren Sprachen kundtun und gäbe sich obendrein kultiviert und umgänglich, bekäme aber den Mund nicht auf, sobald es um die Wurst ginge. Die Investitionen in seine Bildung wären dann womöglich nur noch die Hälfte wert. Genau davor haben viele Eltern Panik. Deshalb sollten Kinder schon früh lernen, sich die Butter nicht vom Brot nehmen zu lassen. Doch wie erreichen Sie das ohne pädagogische Überreaktionen?

Wie so oft gilt: erst mal tief durchatmen und sich nicht verrückt machen lassen. Durchsetzungsfähigkeit ist eine Eigenschaft, die sich nicht allein daran bemessen lässt, wie forsch und kämpferisch jemand zu Werke geht. Bekanntlich gibt es mehrere Wege nach Rom. In der Menschheitsgeschichte haben sich nicht nur diejenigen durchgesetzt, die partout mit dem Kopf durch die Wand wollten, auch Diplomaten, Philosophen oder Humanisten haben erstaunliche Erfolge vorzuweisen. Durchsetzungsfähigkeit ist also offenbar nicht nur eine Frage der Ellenbogen, sondern auch eine des Intellekts, der Intuition sowie der sozialen, kommunikativen und emotionalen Fähigkeiten. So, wie niemand zum Feinschmecker wird, nur weil man ihm täglich Hummer vorsetzt, so wird auch niemand zur Führungspersönlichkeit, bloß weil man ihm Härte und Rücksichtslosigkeit antrainiert.

Wenn Sie Ihrem Kind zeigen möchten, wie man sich durchsetzt, dann müssen Sie Ihre Elternrolle zumindest zeitweise vergessen und Ihr Gegenüber sowie den Gegenstand des Konfliktes ernst nehmen. Um Chancengleichheit herzustellen, legen wir hiermit fest, dass Ihr Kind in der zur Debatte stehenden Frage die alleinige Entscheidungsgewalt hat. Nehmen wir als Beispiel die Wahl der Garderobe. Sie möchten, dass Ihr Kind hübsch aussieht, Ihr Kind besteht jedoch auf einer haarsträubenden Farb- und Stilkombination. Denken Sie daran, es darf diesmal das letzte Wort haben. Argumentieren Sie auf Augenhöhe, und kämpfen Sie mit fairen Mitteln. Nur damit eines klar ist: Drohungen oder Versprechungen sind keine fairen Mittel. Modische Aspekte sind nur insofern von Belang, als Ihr Kind diese teilt. Fragen nach der Zweckmäßigkeit der Kleidung, insbesondere ob sie zu warm oder zu kalt ist, muss Ihr Kind sich schon gefallen lassen. Die Lösung darf aber wiederum in – aus Ihrer Sicht – unmodischen Kombinationen bestehen.

Es ist übrigens zweitrangig, wer gewinnt. Durchsetzungsfähigkeit wurzelt dort, wo ein Bewusstsein dafür entsteht, dass man sich Dinge erarbeiten muss. Ihr Kind wird bemerken, dass es nicht nur Befehlsempfänger war, sondern Einfluss auf die Entscheidung hatte. Machen Sie sich deshalb darauf gefasst, von nun an häufiger herausgefordert zu werden.

4. Ängste teilen

Jetzt wird es ernst. Ängste können nämlich immenses Unheil anrichten. Viele Menschen werden, als Folge traumatischer Erlebnisse etwa, lebenslang von ihnen verfolgt oder beherrscht. Andererseits sind Ängste etwas sehr Nützliches und Teil der normalen Entwicklung eines Kindes – ein Grundgefühl (man spricht auch von Basisemotion oder Primäraffekt), dessen Wurzeln möglicherweise bis in den Mutterleib zurückreichen.

Die Psychologie unterscheidet mehrere typische, dem entsprechenden Entwicklungsstadium des Kindes zugeordnete Ängste. Bereits sehr früh treten Separationsängste auf, es folgen die Angst vor der Dunkelheit, Gewissens-, Kastrations- und Umweltangst. Ab dem «magischen Alter» von etwa drei Jahren kommen die Sozialisations- und Realangst hinzu. Mehr oder weniger unsere gesamte Kindheit über werden wir mit erwachenden Ängsten konfrontiert.

Erinnern wir uns: Wie war das, damals, als wir mit unseren Eltern im Urlaub an der Strandpromenade entlangspaziert sind, für einen Augenblick abgelenkt wurden, und plötzlich waren sie nicht mehr da? Weg. Verschwunden. Oder als wir nachts aufgewacht sind, und da waren diese seltsamen Geräusche und bedrohliche Schattenwesen um uns? Wir nahmen den letzten Mut zusammen und flüchteten uns ins elterliche Bett – das leer war! (Vater und Mutter saßen nur draußen auf dem Balkon, doch das konnten wir nicht wissen.) Dieser plötzliche Sturz in ein schwarzes Nichts, das uns verschluckt, ohne einen einzigen Halt zu bieten – wissen wir noch, wie dieser Abgrund sich anfühlt? So normal und unvermeidbar Ängste sind, so grausam können sie sein. Und es gibt keinen Grund, unsere Kinder mit ihnen allein zu lassen.

Um Kinderängsten beizukommen und Dämonen abzuwehren,

gibt es zahlreiche Methoden. Zu wenig ist dabei ebenso falsch wie übermäßige Zuwendung, Bestrafung oder Verhöhnung. Als Reaktion darauf werden sich die Ängste eher verstärken oder gar manifestieren. Ein Stofftiger vor dem Schrank dagegen hat schon so manchen Geist in Schach gehalten, auch lässt sich das Ich eines ängstlichen Kindes stärken, indem sich ihm eine starke Phantasiefigur hinzugesellt. Geschichten können ebenfalls hilfreich sein. Als Identifikationsfigur sollte der Held am Ende seine Herausforderungen gemeistert oder die Dämonen besiegt haben. Das stärkt auch das Selbstvertrauen des Kindes.

Oft aber kann unserem Kind niemand besser dabei helfen, mit seinen Ängsten klarzukommen, als wir selbst. Und hier nun die gute Nachricht: Wir sind unbesiegbar! In den Augen unserer Kinder sind wir Titanen und Titaninnen und verfügen über Kräfte, gegen die selbst der schrecklichste nächtliche Dämon machtlos ist. Wenn es also in diesem Büchlein darum geht, Dinge gemeinsam mit unseren Kindern zu erleben, dann bedeutet das für die Ängste unserer Kinder: da zu sein, wenn's drauf ankommt.

«Ich bin ja da.» Zuweilen wohnen diesem simplen Satz magische Kräfte inne. Das sollte Sie nicht wundern, denn der sicherste Ort auf der Welt ist für Ihr Kind der an Ihrer Seite.

5. Etwas bauen, das schwimmt

In Abenteuergeschichten spielen Gewässer oft eine zentrale Rolle. Das ist kein Zufall, denn Flüsse, Seen und Meere haben die Menschheit schon immer ebenso fasziniert wie beängstigt. Huckleberry Finn nutzte den Mississippi zur Flucht. Robinson Crusoe wurde zum Gefangenen einer karibischen Insel. Piraten von Captain Flint bis Captain Sparrow schlugen sich – allein berufsbedingt – mit den Gefahren der christlichen Seefahrt herum. Und die Flüsse des amerikanischen Westens galten den Pionieren als Hauptschlagadern des neuen Kontinents, was sich in den Titeln vieler Westernfilme widerspiegelt, etwa *Der Mann vom großen Fluss*, *Black Robe – Am Fluss der Irokesen* oder *Fluss ohne Wiederkehr*.

Damit Ihnen nicht Letzteres passiert, wenn Sie sich auf das Abenteuer einer Seefahrt einlassen, folgen an dieser Stelle ein paar Vorsichtsmaßnahmen. Selbstgebaute Boote und Flöße werden grundsätzlich in flachen, stehenden Gewässern getestet. Trotzdem sollten alle anwesenden Kinder Schwimmwesten tragen. Im Nu ist nämlich jemand ausgerutscht, und ob man dann schnell genug zur Stelle ist, kann man nie wissen.

Die Grundregel beim Bau von Schwimmgeräten lautet: Meistens schwimmen sie nicht. Als Erwachsener müssen Sie also darauf vorbereitet sein, enttäuschte Kinder zu trösten, die gerade miterleben mussten, wie ihr mit viel Liebe zusammengebasteltes Floß binnen Sekunden zum Opfer der Fluten wurde. Alternativ können Sie vor Beginn der Bauarbeiten noch rasch googeln, was Sie so alles wissen müssen, wenn Sie ein Boot bauen wollen. Das heißt allerdings noch lange nicht, dass mit Ihrer Hilfe ein schwimmfähiges Objekt entstehen wird. So etwas zu konstruieren ist nämlich ziemlich kompliziert. Robinson Crusoe könnte ein Lied davon singen.

Auch wenn Sie also ziemlich sicher sein können, dass Ihre Konstruktion auf dem küstennahen Meeresgrund landen wird, ist das kein Grund, den anwesenden Schiffseignern die bevorstehende Havarie zu ersparen. Erstens soll es allen eine Lehre sein, dass Objekte, die gut aussehen, noch lange nichts taugen müssen (daran dürfen sich die Racker gern beim nächsten Einkauf erinnern). Zweitens steckt im Schiffbruch viel Potenzial für das ganz große Kino. Denken wir nur mal an *Titanic*. Ein gutes Beispiel übrigens, denn uns wird es ja auch auf der Jungfernfahrt erwischen.

Zunächst bekommt Ihr Schmuckstück also einen Namen. Dann müssen Sie sich noch darauf verständigen, wie sich die Besatzung zusammensetzt. Sind Sie Piraten? Luxusurlauber? Wissenschaftler? Oder ein paar Galgenvögel, die einen Öltanker durch ein Naturschutzgebiet bugsieren wollen? Es wird später wichtig sein, das zu wissen, denn wenn Ihr Boot gesunken ist, werden Sie sich natürlich persönlich um die Bergung kümmern. Ob Sie dann einen Schatz heben, eine Ölpest verhindern oder kostbares technisches Gerät retten müssen, ist einerseits unerheblich, wird Ihnen und Ihren Kindern andererseits über den Verlust des Bootes hinweghelfen.

Vielleicht machen Sie sogar eine erstaunliche Entdeckung. Zusammen schwimmen ist ja schön und gut. Aber nichts verbindet so stark, wie zusammen unterzugehen.

Da der Bau eines tatsächlich schwimmfähigen Gegenstandes meist in die Hose geht, können Sie die gesamte Konstruktion getrost Ihren Kindern überlassen. Dann wird das Boot wenigstens eine schöne Leiche. Eine clevere Alternative ist es, die Jungfernfahrt hinauszuzögern. Ein vermeintlich schwimmfähiges Boot im Garten ist als Spielgerät wesentlich dankbarer als dasselbe Boot auf dem Grund des nächstgelegenen Sees. Wer weiß? Vielleicht lassen sich mit dem Haufen Holz im Garten all jene phantastischen Reisen unternehmen, die Sie bereits in Gedanken mit diesem Boot durchgespielt haben. Ausprobieren können Sie das ja immer noch. Nur wollen Sie das überhaupt?

6. Vor Publikum auftreten

Es gibt Menschen, die kennen kein Lampenfieber. Sie können Reden aus dem Stegreif halten oder beim Karaoke wildfremde Songs mitsingen, ohne dabei auch nur die leiseste Aufregung zu verspüren. Oft hört man dann, diese Leute seien «für die Bühne geboren». Genauso oft gehen einem solche Selbstdarsteller aber auch gewaltig auf die Nerven. In Theaterkreisen spricht man in diesen Fällen von «Rampensäuen» – also Schauspielern, die sich gern auf Kosten ihrer Kollegen in den Vordergrund spielen.

Tatsächlich hat die Qualität einer Bühnendarbietung nichts mit der Nervosität zu tun, die einen vorher oder währenddessen befällt – oder die eben ausbleibt. Sonst würden begnadete Entertainer wie Robbie Williams nicht an Lampenfieber leiden, während so mancher nur mäßig talentierte Amateur dieses Gefühl überhaupt nicht kennt. Zumindest legen das die Erfahrungen diverser Casting-Shows nahe. Wer auf der Bühne keine Gemütsregung spürt, ist deshalb noch lange kein Bühnenprofi. Im Gegenzug ist Lampenfieber kein Grund, eine Bühne zu meiden. Im Idealfall ist es sogar eine Hilfe. Frank Sinatra wurde nachgesagt, er sei in der Lage gewesen, sein Lampenfieber zu hundert Prozent in Energie für die Show umzuwandeln. Nur wer ist schon wie Frank Sinatra?

Alle diese klugen Erwägungen helfen nur wenig, wenn man mit Herzrasen, trockenem Mund und leerem Kopf auf eine Bühne zustrebt. Dabei ist es kaum erheblich, ob fünfzig oder fünfhundert Leute Zeugen einer persönlichen Blamage werden. Verbockt ist verbockt. Die Größe des Loches, in das man sich danach verkriechen möchte, mag vielleicht von Fall zu Fall variieren, das Ausmaß der persönlichen Katastrophe ist immer gleich groß. Ob nun eine Vierjährige im Marienkäferkostüm von der Bühne purzelt oder ein Vierzehnjähriger beim Schulkonzert gleich mehrmals daneben haut, in beiden Fällen geht in genau diesem Moment die Welt unter.

Eine Erfahrung des Erwachsenwerdens ist, dass die Welt Besseres zu tun hat, als unterzugehen, wenn man sich mal einen öffentlichen Patzer leistet. Sie können das Ihrem Kind demonstrieren, indem Sie es nach seiner Blamage nicht mit sorgenvollem Gesicht und wohlmeinenden Ermahnungen empfangen, sondern mit guter Laune und Optimismus. «War doch schon ganz prima! Gratulation! Wir sind stolz auf dich!» Wenn Sie das übrigens verlogen finden, dann schauen Sie sich mal an, was tagtäglich in Wirtschaft und Politik passiert. Wollen Sie da jetzt familienintern Haare spalten, oder was?

Alternativ können Sie Ihr Kind auch selbst an das Abenteuer eines öffentlichen Auftritts heranführen. Vielleicht bietet sich eine gemeinsame Darbietung anlässlich einer Familienfeier an. Ihr Kind und Sie könnten ein Gedicht aufsagen oder ein Lied zu Gehör bringen. Sie beide würden den Moment des Lampenfiebers ebenso gemeinsam erleben wie den Moment des Triumphes, wenn Ihnen diese herkulische Aufgabe gelungen wäre. Und Sie würden sich wechselseitig Mut oder Trost zusprechen können, falls einer von Ihnen der Aufgabe nicht ganz gewachsen wäre. Sollten zufällig Sie das sein, können Sie Ihrem Kind gleich mal zeigen, dass alles nur halb so schlimm ist, wie es scheint. Das ist nämlich die erste Grundregel im Showgeschäft. Da es von Auftrittsmöglichkeiten nur so wimmelt, muss man einer verpatzten Chance nicht hinterherweinen. Nächstes Mal läuft es besser. Basta.

Regel Nummer zwei lautet: Im Zweifelsfall hat das Publikum keine Ahnung. Dieses völlig übersättigte Pack kann echte Kunst nicht von Kasperletheater unterscheiden. Eine Schande, dass man sich für so einen Haufen von Ignoranten überhaupt abrackert.

Regel Nummer drei: Das Programm war unspielbar. Die komplexe Struktur von «Zum Geburtstag viel Glück» musste zwangsläufig zu Texthängern und falschen Tönen führen.

Sollte Ihr Kind übrigens irgendwann fragen, ob all Ihre Einwände nicht lediglich kaschieren sollen, dass Sie beide es gründlich verbockt haben, dann wissen Sie zumindest, dass es sich bei Ihrem Nachwuchs schon mal nicht um einen kapriziösen Künstler handelt. Das wäre dann auch ein schöner Erfolg.

7. Mit Anstand verlieren

Ein schlechter Verlierer weiß nicht, wann er verloren hat. Obwohl das Spiel längst entschieden ist, jammert er noch über vermeintliche Ungerechtigkeiten, die ihn den Sieg gekostet haben. Schlechte Verlierer sind nach eigener Meinung immer Opfer der Umstände. Oft finden sie sogar ein Publikum, das ihre Version bestätigt, denn sie sind meist ganz gute Selbstdarsteller. Oberflächlich betrachtet ist es sehr schwierig, sie von echten Helden zu unterscheiden, denn die wollen in der Regel ebenfalls nicht anerkennen, dass sie verloren haben. Erst bei genauerem Hinsehen fällt auf, was die beiden Typen unterscheidet: Helden jammern zum einen nicht, zum anderen ist ihr Ziel nie bloßer Selbstzweck. Schlechte Verlierer hingegen brauchen Erfolge nur, um ihr Ego aufzupolieren.

Schaffen sie es nicht aufs Siegertreppchen, versuchen sie sich mit anderen Mitteln zu profilieren. Etwa indem sie die Spielregeln in Frage stellen oder angebliche Formfehler ausmachen. Manche schrecken selbst vor Betrug und Manipulation nicht zurück. Typisch sind inszenierte Missgeschicke, die ein vorzeitiges Ende des Spiels zur Folge haben. Beim Sport kann das vorgetäuschtes Verletzungspech sein, bei einem Brettspiel das scheinbar unbeabsichtigte Umstoßen des Spieltisches.

Ist Ihr Kind ein schlechter Verlierer? Haben Sie das oben beschriebene Verhalten bereits bei Ihrem Nachwuchs beobachtet? Falls ja, dann kann das eine vorübergehende Phase sein. Das ist die gute Nachricht. Aber es könnte sich eben auch um die zunehmende Verfestigung eines nicht gerade angenehmen Charakterzugs handeln. Dann sollten Sie umgehend handeln.

Schlechten Verlierern begegnet man nach landläufiger Ansicht, indem man selbst ein guter Verlierer ist. Das heißt, man spielt fair und kämpft von der ersten bis zur letzten Sekunde. Hat es nicht zum Sieg gereicht, gönnt man dem glücklichen Gewinner die Lorbeeren. In der Praxis bestätigen Sie mit einem solchen Verhalten jedoch lediglich die Strategie Ihres Kindes. Es wird gewinnen und sich obendrein darin bestärkt fühlen, dass es wichtiger ist, Niederlagen zu vermeiden, als redlich zu bleiben. Besser ist es deshalb, wenn Sie ebenfalls mit falschen Karten spielen. Präsentieren Sie Ihrem Kind den schlechtesten Verlierer aller Zeiten. Es wird dann rasch merken, wie wenig Spaß ein Spiel macht, das man ausschließlich des Gewinnens wegen spielt.

Alternativ können Sie im Spiel von Zeit zu Zeit die Positionen tauschen. Bei manchen Spielen gehört das ja bereits zu den Regeln. Man schlüpft quasi in die Rolle des Gegners, indem man dessen Spielposition und Punktestand übernimmt. Jetzt muss man aus einer Position heraus agieren, in die man den anderen zuvor selbst gebracht hat – mit welchen Mitteln auch immer. Was man dabei lernen kann? Ganz einfach: *C'est la vie* – so ist das Leben. Man könnte auch sagen: Es ist nicht nur okay, ab und zu nicht zu gewinnen, sondern es gehört einfach zum Spiel des Lebens dazu. Außerdem ist niemand einsamer als ein schlechter Verlierer, dem man auf die Schliche gekommen ist. Wer ein paar Mal einen eigentlich netten Spieleabend mit unschönen Tricks gesprengt hat, der kann sich darauf gefasst machen, bald mehr Zeit vor dem Fernseher zu verbringen. Allein.

Im Kleinen wird es auch Ihrem Kind so ergehen. Wenn es sich ständig das Beste, Tollste und Schnellste herauszupicken versucht, muss es damit rechnen, sozial geächtet zu werden. Zugegeben, es ist ein langer Weg vom Mensch-ärgere-Dich-nicht-Brett bis zum sozial inkompatiblen Neurotiker. Wir wollen Sie ja auch nur davor warnen, Ihrem Kind ständig Erfolgserlebnisse zu bescheren. Es ist richtig, Kinder zu bestärken, es ist aber genauso richtig, Ihnen nicht vorzugaukeln, dass sie per se auf der Gewinnerseite stehen. Ihr Kind wird sonst eines Tages eine simple Überlegung anstellen: Wenn es im Wettstreit mit Ihnen ständig die Nase vorn hat, dann heißt das nicht nur, dass es ein geborener Gewinner ist. Es heißt auch: Sie sind der geborene Verlierer.

Und jetzt erklären Sie Ihrem Kind mal das Gegenteil.

8. Shoppen

Nein, an dieser Stelle wird es nicht darum gehen, dass Sie Ihrem Kind beibringen, wie es gezielt und sinnvoll einkauft. Im Gegenteil. Shoppen ist die hohe Kunst sinnloser Zeit- und Geldverschwendung. Aber auch das will gelernt sein.

Sie rümpfen die Nase? Sie finden, dass Sie Ihrem Kind einen solchen Blödsinn nicht beibringen müssen? Warum nicht? Würden Sie Ihre Hand dafür ins Feuer legen, noch nie geshoppt zu haben? Nie? Nicht einmal ein klitzekleiner Lustkauf? Das Fläschchen Prosecco und das sündhaft teure Badesalz für einen entspannten Abend nach einem langen und harten Arbeitstag wären ebenso überflüssig gewesen wie das Schickimicki-Handy mit allem Schnickschnack, obwohl es ein einfaches Gerät auch getan hätte, oder? Beides klare Fälle von Shopping.

Wenn Kinder oder Heranwachsende ihr rares Taschengeld für vermeintlichen Unfug wie Glanzbilder, Comics, Süßigkeiten oder gruselige Klamotten raushauen, schütteln Erwachsene gerne verständnislos den Kopf. Dabei vergessen wir, dass Bierkrugsammlungen, Groschenromane, Sportflitzer, Sonnenstudios oder Steaks vom Kobe-Rind keine Erfindungen von Kindern sind. Auch Erwachsene verprassen also Geld für Dinge, über deren Nutzen man zumindest streiten kann. Warum sollte man sein Geld auch nicht auf diese Weise ausgeben? Dem Konsum entkommen wir ebenso wenig wie der Mode. So, wie eine unmodische Latzhose ein modisches Statement ist, wäre auch weitgehender Konsumverzicht nichts anderes als eine von vielen möglichen Konsumhaltungen.

Wer sich politisch an dieser Front abrackern will, der soll das gerne tun. Alle anderen dürfen shoppen gehen, bis die Kreditkarte qualmt. So lange es die finanziellen Möglichkeiten hergeben, dürfen

Sie sich also ruhig – zumindest zeitweise – der kompensatorischen Wirkung des Shoppens hingeben. Ob Sie die gekauften Produkte wirklich brauchen, ist dabei weniger entscheidend als deren beruhigende oder stimulierende Wirkung. Klamotten, die Sie niemals anziehen werden, können Ihnen dennoch das Gefühl geben, attraktiv zu sein. Sportgeräte, die Sie niemals benutzen werden, können dokumentieren, dass Sie immerhin gute Vorsätze haben. Und Bücher, die Sie niemals lesen werden, zeugen trotzdem von solidem Bildungsbewusstsein – deswegen gibt es auch in vielen deutschen Häusern eine ungelesene Bibliothek.

Natürlich darf der kompensatorische Einkauf, also das Shoppen, nicht zur Gewohnheit werden. Manchmal ist es Balsam für die Seele, aber es ist kein Heilmittel bei ernsthaften Beschwerden. Wer die Leere in seinem Leben mit Konsum zu füllen versucht, der braucht ärztliche Hilfe. Aber so verhält es sich letztlich mit allen legalen Drogen. In kleinen Dosen wirken sie beruhigend oder anregend, im Übermaß schaden sie.

Deswegen sollten Sie das Shoppen nicht gleich verteufeln. Wie andere Genussmittel sollten Sie es vielmehr kultivieren. Das gilt übrigens für beide Geschlechter, denn in Bau- und Elektronikmärkten ist das Shoppen ebenso verbreitet wie in Sport- und Outdoor-Läden. Und auch Männer kaufen Kleidung aus kompensatorischen Gründen. All das ist nicht gleich schlecht, nur weil es Spaß macht.

9. Über Liebe reden

Liebe ist unter anderem deshalb so spannend, weil sie so ungreifbar ist. Sie erfüllt uns und wird als sehr intensiv wahrgenommen, dabei können wir noch nicht einmal mit Sicherheit sagen, was für eine Art von Empfindung sich hinter dem Wort verbirgt: ein Gefühl, ein Zustand, ein Affekt? Noch weniger können wir erklären, wie und warum sie entsteht. Das Wort, so viel weiß man immerhin, stammt aus dem Mittelhochdeutschen und bezeichnet ursprünglich «Gutes» oder «Wertvolles».

Schamanen begreifen Liebe als eine Art Aggregatzustand, den man erreicht, indem man sein Ego überwindet und sich als eins mit dem Universum erlebt. Hm. Hypochondrische Naturen hingegen halten Liebe zuweilen für eine vorübergehende Geisteskrankheit, die durch Heirat kuriert werden kann. Hm. Gesellschaftlicher Konsens ist die Definition, der zufolge Liebe ihren Ausdruck in einer sehr innigen Zuneigung zu einem anderen Menschen oder auch einem Stofftier findet.

Jetzt erklären Sie das mal Ihrem Kind. Hoffnungslos.

«Mama, was ist eigentlich Liebe genau?»

«Eine Form inniger Zuneigung.»

Geht gar nicht. Was also tun? Vorschlag: Lassen Sie sich von Ihrem Kind erklären, was Liebe ist. Früher oder später beginnen Kinder nämlich, ihr eigenes Konzept von Liebe zu entwickeln. Daran teilzuhaben kann einem selbst als Erwachsenem mitunter neue Erkenntnisse bescheren.

Ein Beispiel: Sie sitzen mit Ihrer Tochter beim Abendessen. Die Kleine ist gerade sieben geworden, geht seit dem Sommer in die zweite Klasse und spricht in letzter Zeit verdächtig oft, wenn auch beiläufig von einem Jungen namens Jonas. Heute Abend erzählt sie

Ihnen, während ihr die Tomatensauce die Mundwinkel herabläuft, dass Jonas in der großen Pause immer nur sie fangen wollte und dass sie sich immer in diese eine versteckte Ecke hat drängen lassen, wo man nicht mehr herauskommt. Sprich: Sie wollte gefangen werden, und zwar un-be-dingt.

Sie denken einen Moment nach und wagen schließlich eine Frage: «Sag mal, diesen Jonas, den magst du irgendwie, oder?»

Zu Ihrer Überraschung knallt Ihre Tochter daraufhin demonstrativ die Gabel auf den Teller, sieht Sie entrüstet an und ruft: «Ich *liebe* Jonas!»

Schockschwerenot! Das ist starker Tobak. Sie *liebt* ihn. Mit sieben.

Dann beginnen Sie wieder nachzudenken. Wie geht das, Liebe, mit sieben? Also nehmen Sie all Ihren Mut zusammen und wagen eine zweite Frage: «Sag mal, wie ist das denn so, Jonas zu lieben? Ich meine: Was sagt dir denn, dass du ihn liebst? Woran merkst du es?»

Jetzt fängt Ihr Kind an nachzudenken. Kaut, denkt nach, kaut, schluckt runter, richtet die Gabel auf Sie, kneift die Augen zusammen und sagt mit fester Stimme: «Also, wenn Jonas ein Hund wäre, dann wäre er *mein* Hund!»

10. Säen und ernten

Die meisten Zeitschriften, welche die Schönheiten des Landlebens besingen, werden von Städtern gelesen, die gar keinen Garten besitzen. Sagt die Statistik.

Sie können Ihrem Kind ein solch kompensatorisches Leseverhalten ersparen, indem Sie es frühzeitig mit dem Landleben vertraut machen. Dann kann es selbst entscheiden, ob es gern irgendwo im Grünen mit den Hühnern aufstehen oder sich lieber bis zum ersten Hahnenschrei im Großstadtdschungel herumtreiben möchte. Modern wäre übrigens eine Kombination von beidem. Arbeitet man in der City, wohnt man mit seiner Familie heutzutage nämlich entweder vor den Toren der Stadt oder kombiniert das Stadtdomizil mit einem Häuschen auf dem Land, je nach Geldbeutel.

Um Ihr Kind mit den Schönheiten der Natur vertraut zu machen, müssen Sie jedoch nicht gleich einen Bauernhof kaufen. Obwohl es natürlich schon besser wäre. Wer einmal versucht hat, auf einem winzigen Balkon Tomaten oder Kräuter zu züchten, der weiß, dass die Landwirtschaft erst dann sinnvoll ist, wenn man sie in größerem Stil betreibt. Um eine wenigstens halbwegs zufriedenstellende Ausbeute zu gewährleisten, sollte man also mindestens ein kleines Feld bewirtschaften. Wenn das Landhaus nicht ins Budget passt, tut es auch ein Schrebergarten. Mit weniger darf sich selbst ein Hobbylandwirt nicht zufriedengeben. Die Aufzucht und Pflege von Obst und Gemüse ist übrigens eine zeitraubende Tätigkeit. Da sollte nach Monaten knochenharter Arbeit schon etwas mehr rausspringen als ein kleiner Beilagensalat.

Jetzt werden Sie vielleicht fragen, warum Sie sich überhaupt abrackern sollen, wo man doch Obst und Gemüse in guter Qualität an jeder Ecke kaufen kann. Stimmt, aber die mit dem Säen und Ernten verbundenen Erfahrungen kann man eben nicht käuflich erwerben. Sie zeigen Ihrem Kind beispielsweise, wie der Kreislauf der Natur funktioniert, und geben ihm dabei ein Gefühl für das vielleicht älteste Verhältnis von Arbeit und Ertrag seit Menschengedenken. Dadurch ist Ihr Kind später zwar nicht automatisch vor gewagten Börsenspekulationen gefeit, aber womöglich erhöht sich seine Bodenhaftung.

Außerdem vermitteln Sie Ihrem Kind ein Gefühl für den Rhythmus des Lebens. Während gesellschaftliche Prozesse einem raschen Wandel unterliegen, hat sich in der Biologie deutlich weniger verändert. Die Natur hat ihre eigene Zeitrechnung, und wenn man sie aus dem Tritt bringt, kann das zu empfindlichen Reaktionen führen. Umweltkatastrophen führen uns regelmäßig vor Augen, dass nicht wir die Natur beherrschen, sondern umgekehrt. Der Anblick eines Feldes, auf dem alles unsichtbar, jedoch spürbar seinen Gang geht, flößt uns nicht nur Respekt ein, sondern schenkt uns auch Vertrauen und Ruhe.

Wenn Ihr Kind stolz die Arme zum Himmel reckt und dabei «Meine ersten eigenen Karotten!» ruft, dann schwingt darin archaischer Stolz mit. Zusammen haben wir es geschafft, der Natur unsere Nahrung abzutrotzen. Für den Moment sind wir autark und gleichzeitig eins mit der Natur. Versuchen Sie mal, sich an der Gemüsetheke so megacool zu fühlen.

11. Beleidigen und beleidigt sein

Doofnase. Mauerblümchen. Vollidiot. Landpomeranze. Hampelmann ...

Bis wir mit Gemeinheiten souverän umgehen können, vergeht einiges an Zeit. Manch einer lernt es sogar nie und bleibt sein Leben lang eine beleidigte Leberwurst. Gewöhnlich wird das soziale Immunsystem jedoch mit dem Eintritt ins Erwachsenenalter vollends aktiviert.

Zuvor sind die meisten Kinder und Jugendlichen verbalen Attacken mehr oder minder schutzlos ausgeliefert. Fälle von Teenagern, die sich das Leben genommen haben, weil sie im Internet von Altersgenossen gemobbt wurden, die sie nicht einmal persönlich kannten, zeigen das auf tragische Weise.

Sie dürfen deshalb die Dünnhäutigkeit Ihrer Kinder niemals unterschätzen, wenn es um die Wirkung verletzender Äußerungen geht. Aber wie können Sie Ihren Nachwuchs für die großen Kämpfe des Lebens oder auch nur für die alltäglichen Scharmützel mit Gleichaltrigen wappnen? Es hilft ja nichts, wenn die Kids zu Hause mit Samthandschuhen angefasst werden, auf dem Spielplatz oder Pausenhof dagegen regelmäßig als Prellbock herhalten müssen.

Allerdings ist auch keinem geholfen, wenn Sie Ihrem Kind einen Intensivkurs in Sachen Beleidigungen verpassen. Sensiblen Kindern Kraftausdrücke an den Kopf zu werfen, um sie aus der Reserve zu locken und fürs verbale Gefecht zu trainieren, endet in den meisten Fällen mit empörtem Türenschlagen. Das müssen Sie also schon anders anstellen. Zum einen ist es wichtig, dem Thema die Brisanz zu nehmen, denn nichts wird so heiß gegessen wie gekocht. Selbst wenn Ihrem Kind die Beschimpfung «Brillenschlange» auf dem Pausenhof durch Mark und Bein gegangen ist, müssen Sie ihm

Mut machen, dass es ein gesellschaftliches Leben nach einer solchen Breitseite geben wird. Womöglich existieren in der Altersgruppe Ihres Kindes anerkannte Brillenträger, die die Richtigkeit dieser Theorie bestätigen. Wie wär's mit Harry Potter?

Es hilft aber auch, wenn Sie die Situation, in der Ihrem Kind verbal eins übergebraten wurde, mit ihm anschließend nachstellen und so spielerisch analysieren. Mark Twain hat mal gesagt, Schlagfertigkeit sei das, was einem am nächsten Tag einfalle. Genau diese Form der Manöverkritik kann Ihrem Kind helfen, sich beim nächsten Angriff etwas wackerer zu schlagen. Wechseln Sie dabei die Rollen, spielen Sie also sowohl den oder die Angreifer als auch Ihr Kind.

Zum anderen müssen Sie Ihr Kind unbedingt ernst nehmen, sobald es sich beleidigt fühlt, selbst wenn Sie persönlich nicht nachvollziehen können, warum der Vorfall überhaupt erwähnenswert ist. Wenn es um Angriffe gegen die Ehre geht, reagieren Menschen sehr unterschiedlich. Allein die Tatsache, dass Ihr Kind beleidigt ist, sollte Grund genug für Sie sein, ihm zur Seite zu springen. Wenn man schon eine Beschimpfung einstecken muss, dann tut es gut, Verbündete zu haben.

Schließlich sollten Sie Ihrem Kind zeigen, wie man seinem Gegenüber offen und ehrlich erklärt, dass man gerade verletzt worden ist. Kinder gehen zwar oft rüde miteinander um, haben aber durchaus eine Antenne für die Nöte von anderen. Das sollten Sie auch dann bedenken, wenn Ihr Kind nicht zu den Opfern, sondern zu den Tätern gehört. Werden Sie selbst von Ihrem Dreikäsehoch attackiert, so dürfen Sie Ihren Gefühlen ruhig Ausdruck verleihen. Hilft das nicht, sollten Sie verbal zum Gegenschlag ausholen. Aber lassen Sie es ruhig angehen, bei allem sportlichen Ehrgeiz handelt es sich bei innerfamiliären Beleidigungswettkämpfen immer noch um Freundschaftsspiele.

12. Eine Geheimsprache erfinden

Sla Dnik nebah Eis hcod tmmitseb hcua enie Ehcarpsmieheg tlek-ciwtne – oder etwa nicht? Sollte Ihr Kind ebenfalls auf diese Idee kommen, so tragen Sie es mit Fassung. Schon der junge Mozart sprach angeblich gerne rückwärts, um sich mit seinen Geschwistern zu verständigen. Natürlich lässt sich diese Geheimsprache sehr leicht dechiffrieren, vorausgesetzt, sie haben alles schriftlich vor Augen. Gesprochen dürfte das schon etwas schwieriger werden. Wie auch immer Ihr Kind es anstellen mag, Geheimsprachen bedürfen einer gewissen Übung, sind dafür aber in manchen Situationen von ungeheurem Nutzen. Schließlich haben nicht nur Eltern etwas vor den Kindern zu verbergen, sondern auch umgekehrt. Oder Sie und Ihr Kind möchten in einer bestimmten Situation ein Geheimnis bewahren.

Die Wissenschaft der Verschlüsselung nennt sich Kryptographie. Die Kryptographie setzt Vertrauen voraus, weil sie auch die Wissenschaft von den Geheimnissen ist. Geheimnisse werden nun mal nur von einem speziellen Personenkreis geteilt. Wenn ein Fremder den Kreis durchbricht, ist das Geheimnis gelüftet und das Vertrauen dahin. Jedes geteilte Geheimnis setzt also Vertrauen voraus, und das versteht jedes Kind. Gegenseitiges Vertrauen wird dabei durch das gemeinsame Geheimnis repräsentiert. Es gilt also, eine Sprache zu entwickeln, die nur Ihnen und Ihrem Kind gehört, die sich einzig und allein Ihnen beiden erschließt.

Dabei muss es keineswegs das Ziel sein, eine nie zuvor gekannte Verschlüsselung zu erfinden. Wenn Sie es trotzdem versuchen möchten, bitte schön. Der Phantasie sind bekanntlich keine Grenzen gesetzt. Sollte Ihr Kind mathematisch begabt sein, bietet es sich an, auf eine zahlenbasierende Verschlüsselung zu setzen. Das können Sie durch komplexe Tabellen festlegen, oder aber einfach dadurch, dass Sie jedem Buchstaben eine Zahl zuordnen.

Apropos, haben Sie Ihrem Kind schon von jener berühmten Verschlüsselung erzählt, die im Zweiten Weltkrieg eine wichtige Rolle spielte? Nicht umsonst beschäftigte das britische Heer in der berühmten Zentrale von Bletchley Parc eine ansehnliche Zahl von Mathematikern und Geheimdienstlern, um die sogenannte Enigma, die Geheimsprache des Deutschen Heeres, zu entschlüsseln.

Sollte Ihr Unterricht in Sachen Geheimsprachen irgendwann dazu führen, dass Ihr Kind eine Sprache entwickelt, die Sie nicht entschlüsseln können, dann tragen Sie es bitte mit Fassung. Erstens haben Sie den Grundstein für diese Entwicklung gelegt, und zweitens sind Geheimnisse *vor* den Eltern um einiges spannender als Geheimnisse mit den Eltern.

Ad nnak nam rediel rag sthcin nehcam.

13. Mit Wut umgehen

Wut zählt zu den stärksten menschlichen Gefühlen. Im schlimmsten Fall lässt sie uns völlig außer Kontrolle geraten. Deshalb wird sie im gesellschaftlichen Umgang durch Vernunft, Diskurs und Kompromissbereitschaft in geregelte Bahnen gelenkt. So richtig perfekt funktioniert das nicht, sonst gäbe es ja keine Wutausbrüche. Demolierte Fußballstadien, handfeste Nachbarschaftsstreitigkeiten, wilde Verfolgungsjagden mit der Polizei und demgemäß langjährige Gefängnisaufenthalte sind mögliche Folgen. Um Kinder vor solchem Ungemach zu schützen, erzählt man ihnen gerne, dass Wut eine gefährliche Sache sei, die man unter Kontrolle bringen müsse. Nur in kleinen Dosen gilt sie als erstrebenswert. Man soll also zwar nicht mit dem Kopf durch die Wand wollen, sich aber auch nicht alles gefallen lassen. Das ist ein bisschen so wie mit dem Ehrgeiz. Niemand möchte ein krankhaft ehrgeiziges Kind, aber eben auch keines, das sich bereitwillig in die Rolle des Verlierers fügt.

Der Unterschied beider Prinzipien ist, dass Wut zu unserem archaischen Betriebssystem gehört, während Ehrgeiz antrainiert werden muss. Es gibt einige Völker, die den faustischen Drang, also den gesellschaftlichen Ehrgeiz, den Dingen auf den Grund zu gehen, überhaupt nicht kennen. Gemeinsam ist allen Menschen jedoch, dass sie wütend werden können. Selbst der friedfertigste Naturbursche könnte sich vor Wut in seinen lendenbeschürzten Hintern beißen, wenn ihm zum wiederholten Male seine Jagdbeute durch die Lappen geht.

Es spielt keine Rolle, ob wir aus vermeintlich guten Gründen oder wegen Nichtigkeiten aus der Haut fahren. Erwachsene unterstellen Kindern gerne, dass deren Wut unbegründet sei. Diese Überlegung ist jedoch schon im Ansatz falsch. Ob man ein komplettes Abendessen gegen die Wand haut, nur weil die Vorspeise leicht versalzen ist, oder erst vorsichtig aufbegehrt, wenn man zwanzig Jahre lang von seinem Ehepartner gepiesackt wurde, ist keine Frage der Verhältnismäßigkeit, sondern des Naturells. Manche Menschen sind aufbrausender als andere, und ebenso vielfältig wie die Gemüter sind auch die Methoden, mit Wut umzugehen. Manche brauchen dazu Sport, andere müssen (hoffentlich bezahlbares) Geschirr zerdeppern, wieder andere reagieren sich mit Musik, einer Tasse Tee oder bei einem Spaziergang ab. Einige machen Urschreitherapien, manche verwandeln ihre emotionale Energie in Kreativität, andere unternehmen lange und gefahrvolle Reisen und der eine oder andere sammelt Statussymbole, um mit seiner Wut klarzukommen. Und all das beginnt schon im Kinderzimmer.

Im Umgang mit Wut sollte es für Kinder nur eine Regel geben: Alles ist erlaubt, nur keine physische Gewalt gegen andere Menschen. Gewalt gegen (eigene) Sachen wäre also okay. Keine Sorge, Ihr Kind wird von ganz allein darauf kommen, dass es keine gute Idee ist, das Lieblingsspielzeug zu zertrümmern, nur weil es mal schlechte Laune hat. Aber Wut ist eben ein starkes Gefühl, das sich deshalb auch in entsprechender Stärke Luft machen dürfen muss. Nicht zuletzt ist es nämlich ein Akt der Freiheit.

Sosehr es Sie auch anstrengen mag, dass Ihr Kind mit allen verfügbaren Mitteln seine Wut auslebt, so sehr sollte es Sie freuen, dass es wahrscheinlich später mal einen guten Gegner im Gesellschaftsleben abgeben wird. Wenn es zum Wutausbruch kommt, bedenken Sie also bitte, dass Sie nicht nur der erste Gegner Ihres Kindes sind, sondern auch sein erster Lehrmeister. Mit Letzterem dürfen Sie übrigens später gegebenenfalls prahlen, falls es Ihr Kind zum Berufswüterich gebracht hat, also beispielsweise ein besonders streitbarer Journalist, Politiker oder Künstler geworden ist. Was Ihr Kind höchstwahrscheinlich dann auf die Palme bringt, ist der nachsichtig ausgesprochene Satz: «Jaja, diese dauernden Streitereien, das war schon im Kindergarten so.»

14. Kirschen klauen

Geklaute Kirschen schmecken am besten, das weiß ein jeder. Ist auch kein Wunder, schließlich haben wir Gefahren auf uns nehmen müssen, um sie zu bekommen, wir haben logistischen Aufwand betrieben und eine Menge Arbeit investiert. Abgesehen davon macht Kirschen klauen einen Heidenspaß. Das war schon als Kind so, und das ist heute, da Sie selbst Kinder haben, noch immer so. Die Skeptiker unter Ihnen mögen nun einwenden, dass Kirschen klauen eigentlich eine Beschäftigung für Geschwister oder dicke Freunde ist. Stimmt. Genau deshalb sollten Sie sich glücklich schätzen, wenn sich die Gelegenheit ergibt, es gemeinsam mit Ihren Kindern zu tun. Wer möchte sich schließlich nicht ab und zu wenigstens für fünf Minuten mit seinem Nachwuchs verbrüdern und dick befreundet sein? Also, ran an den Speck.

Sekunde mal! Der nächste Einwand kommt aus der Fraktion der Korrekten unter Ihnen: Das ist doch verboten. Streng genommen ist das sogar Diebstahl! Stimmt alles, nur haben wir ausgerechnet heute streng genommen keine Lust, das allzu streng zu nehmen. Außerdem hängt der Baum im Garten von Onkel Wilhelms Nachbar so voll, dass selbst die Vögel schon Bauchschmerzen bekommen. Nicht zuletzt funkeln die prallen, saftigen Kirschen derart verführerisch in der Sonne … Wussten Sie eigentlich, dass Sie, entgegen der landläufigen Meinung, der Gesellschaft sogar einen Dienst erweisen, wenn Sie mit Ihrem Kind Kirschen klauen? Nein? Stimmt aber. Es gibt nämlich folgende Regeln:

Regel eins: Für den Fall, dass Sie erwischt werden, sind die Konsequenzen zu tragen. Es drohen Strafpredigten oder Verfolgungsjagden mit möglicherweise schmerzhaften Folgen bis hin zum Biss eines Rauhaardackels. Das führt uns direkt zu

Regel zwei: Niemals bei Hundezüchtern Kirschen klauen.

Regel drei: Sie sollten die Risiken überschauen, aber nicht ausschalten können. Ein Minimum an Adrenalin ist Grundvoraussetzung.

Regel vier: Wenn Ihr Kind im Baum sitzt, nicht mehr herunterkommt und irgendwann ruft: «Ich brauche einen größeren Eimer!», dann ist der Zeitpunkt gekommen, Ihrem Sprössling zu erklären, dass «Kirschen klauen» nicht heißt «den Baum abernten».

Grundregel (fürs Leben): Immer genug für die anderen lassen, selbst wenn sie Onkel Wilhelms Nachbarn nicht ausstehen können. Sonst ist es doof.

Fassen wir also zusammen: Kirschen klauen stärkt das Gemeinschaftsgefühl, ertüchtigt den Körper, lehrt den Umgang mit Extremsituationen, setzt voraus, dass man sich an gewisse Regeln hält und schult (siehe Regel vier) die soziale Kompetenz Ihres Kindes. Etwas, dessen zunehmender Mangel in unserer Gesellschaft permanent beklagt wird. Und unterm Strich, seien wir ehrlich, fügen Sie niemandem wirklich Schaden zu.

15. Sich streiten

Der Klügere gibt nach. Jeder kennt diesen Satz. Viele von uns haben ihn als Kind mit stoischer Regelmäßigkeit zu hören bekommen, und schon damals ist er uns auf die Nerven gegangen. Zu Recht. Schließlich bedeutet er nichts anderes, als dass wir kampflos einem anderen überlassen sollen, was uns selbst wichtig ist. Dafür dürfen wir uns dann mit der Behauptung trösten, der Klügere zu sein.

Wahrlich ein schwacher Trost. Bereits ein Dreijähriger spürt, dass dieser vielzitierte Satz sich nicht mit dem eigenen Empfinden deckt. Es fühlt sich nämlich ganz und gar nicht so an, als sei man der Klügere, bloß weil man etwas gegen seinen Willen hergegeben hat. Folgt man der Argumentation dieses Satzes, so geht Klügersein einher mit Kapitulieren. Ist der Klügere also automatisch der Dumme? Dann doch lieber gleich der Dümmere sein und dafür seinen Willen durchsetzen.

Vergessen Sie also diesen Satz, und streiten Sie! Wie sonst soll Ihr Kind lernen, Konfrontationen anzunehmen und sich durchzusetzen? Wie soll es entscheiden können, welchen Streit es annimmt und welchem es lieber aus dem Weg geht? Bringen Sie ihm die Regeln bei: Respekt. Streiten und beschimpfen sind nämlich nicht dasselbe. Gleiches gilt für Haare ausreißen und Köpfe gegen Türrahmen schlagen. Außerdem gilt: nicht von Anfang an unter die Gürtellinie zielen. Erst Argumente sammeln und sortieren. Entscheiden lernen: Wie wichtig ist mir mein Anliegen? Welche Konsequenzen zieht der Streit möglicherweise nach sich? Ist er mir ein blaues Auge wert? Was nutzt mir der Bagger, wenn mein bester Freund nicht mehr mit mir spielt? Welche Risiken bin ich einzugehen, welchen Preis zu zahlen bereit?

Streiten will gelernt sein. Da braucht es Übung. Seien Sie Ihrem

Kind ein guter Trainer und steigen Sie regelmäßig mit ihm in den Ring. Betrachten Sie sich dabei als Sparringspartner. Täuschen Sie glaubhaft vor, ein Gegner zu sein, der sich auf Augenhöhe bewegt. Wenn es hart auf hart kommt, verfügen Sie ohnehin über die stärkeren Waffen. Am Ende haben Sie die Herrschaft über Ihr Kind, und es muss Ihnen Folge leisten. Und diese Keule schwingen Sie oft genug. Sollte Ihr Kind also in einem Streit vehement für seine Interessen eintreten und außerdem die besseren Argumente auf seiner Seite haben, lassen Sie es den Sieg davontragen und beglückwünschen Sie sich im Stillen. Ihr Kind hat eine wichtige Lektion gelernt.

Für Sie bleibt immerhin der Trost, dass in diesem Fall wirklich einmal der Klügere nachgegeben hat.

16. Sich einen Sonnenbrand holen

Wer nicht hören will, muss fühlen. So besserwisserisch und von oben herab das alte Sprichwort daherkommt, so wahr ist es. Was nichts daran ändert, dass wir uns diesen Satz nur ungern sagen lassen. Woran das liegt? Am erhobenen Zeigefinger natürlich, an der Belehrung und an der Arroganz desjenigen, der einen – zumindest vorgegebenen – Wissensvorsprung hat. Vor allem aber an dem Bestrafungskonzept. Du hast nicht auf mich gehört, also erhältst du deine gerechte Strafe. Das nervt. Total. Statt unser Kind zu ermuntern, möglichst viele eigene Erfahrungen zu sammeln, beugen wir uns vor und sagen: «Hättest du mal auf mich gehört!»

Als wüssten wir nicht, dass es gerade die selbst gemachten Erfahrungen sind, an denen wir wachsen. Wie soll unser Kind später sein Leben meistern, wenn wir ihm nicht erlauben, von der Schaukel zu fallen oder mit dem Fahrrad zu stürzen? Fühlen wir uns also aufgerufen, die hinzugewonnenen Erfahrungen unserer Kinder grundsätzlich zu begrüßen und als Chance zu begreifen.

Nun gibt es natürlich jede Menge Erfahrungen, die wir unserem Kind trotzdem ersparen möchten. Es bleibt uns also gar nichts anderes übrig, als viel Zeit und Energie darauf zu verwenden, es vor bestimmten Situationen zu bewahren. So wollen wir nicht, dass es erst von einem Auto angefahren werden muss, bevor es begreift, dass es nach links und rechts zu gucken hat, bevor es über die Straße geht. Auch sollte es nicht erst heroinabhängig werden müssen, um einzusehen, dass derartige Drogen viel Unheil anrichten. Da bedarf es Geduld und Überzeugungskraft von Elternseite.

Die gleiche Geduld und Überzeugungskraft übrigens, die wir darauf verwenden, unseren Kindern Erfahrungen vorzuenthalten, die sie früher oder später sowieso machen werden und wahrscheinlich sogar sollen. Genau hier kommt nun der Sonnenbrand ins Spiel. Viele Eltern bringen Jahre damit zu, ihren Kindern immer und immer wieder einzuschärfen, dass eine Kerze heiß ist und man sich die Finger daran verbrennen kann. Was für eine Ressourcenverschwendung! Oder kennen Sie jemanden, der sich noch nie an einer Kerze die Finger verbrannt hat?

Ähnlich verhält es sich mit dem Sonnenbrand. «Creme dich ein», «Vergiss die Sonnencreme nicht», «Hast du dich auch …» Eine Gebetsmühle ist nichts dagegen. Dabei kann schon ein einziger ordentlicher Sonnenbrand lebenslange Einsicht bewirken. Wer als Kind drei Tage mit Pusteln auf den Schultern im abgedunkelten Hotelzimmer zubringen und den anderen beim vergnüglichen Herumalbern am Pool zusehen musste, der wird im darauffolgenden Jahr ganz von selbst darum bitten, dass ihm jemand den Rücken einschmiert.

Eins noch: Wie auch immer Sie auf diesen Sonnenbrand reagieren (wir plädieren für kommentarloses Eincremen mit Après-Sun-Lotion), verkneifen Sie sich bitte den Satz aller Sätze. Sagen Sie nicht: «Wer nicht hören will …»

17. Über sich selbst lachen

Es geht darum, sich nicht allzu ernst zu nehmen, auch wenn das im einen oder anderen Fall Ihre Autorität untergräbt. Wichtig ist vor allem, Ihrem Kind zu vermitteln, dass Bierernst nur selten weiterhilft und dass es das Leben vielmehr wie Sporttreiben betrachten sollte: Versuche das Bestmögliche zu erreichen, und wenn es mal nicht klappen sollte, geht das Leben trotzdem weiter. Wie sagte Michael Ballack, der Kapitän der deutschen Fußballnationalmannschaft, nachdem klar geworden war, dass er aufgrund einer Verletzung nicht an der WM 2010 würde teilnehmen können, sinngemäß: «Das ist ein sehr bitterer Moment, aber danach geht es weiter.»

Diese Einstellung sollte jeder Laiensportler beherzigen, schließlich läuft wahrlich nur selten alles so, wie man es sich vorstellt. Wenn Sie sich also beispielsweise am Wochenende dazu durchringen sollten, Ihrem Kind beim Flicken seines defekten Fahrradreifens behilflich zu sein und dabei, nach der vollmundigen Ankündigung, wie simpel das eigentlich sei, grandios scheitern, sollten Sie es nicht nur mit Fassung, sondern auch mit Humor tragen. Das holt Sie in den Augen Ihres Kindes ein Stück weit vom hohen Sockel herunter und zeigt ihm, dass es selten ein Drama darstellt, wenn man einen Moment lang nicht weiß, wie es nun weitergehen soll. Schließlich handelt es sich bei der Weisheit, dass das Leben mit einem Lächeln auf den Lippen sehr viel leichter zu bewältigen ist, nicht gerade um eine Neuigkeit. Machen Sie sich also ruhig zum Affen, strangulieren Sie sich (beinahe) mit dem Fahrradschlauch, um anschließend mit Ihrem Kind lauthals darüber zu lachen. Dabei bricht sich keiner einen Zacken aus der Krone.

Oder backen Sie einen Kuchen, der dann leider nicht aufgeht, sondern selbst nach stark überzogener Backzeit platt wie eine Flunder aus dem Ofen kommt. Lachen Sie darüber, sagen Sie Ihrem Kind, dass der Kuchen beim nächsten Mal bestimmt aufgehen wird, dass es dafür allerdings keine Garantie gibt und man es immer wieder versuchen muss! Was jetzt nicht heißen soll, dass es ratsam sei, Ihrem Kind zu vermitteln, es gehe allein um das olympische Motto: «Dabei sein ist alles».

Vor allem in Fällen, in denen es offensichtlich ist, dass Sie gerade völlig danebenliegen, dürfte es Ihnen umso leichter fallen, dies Ihrem Kind gegenüber einzuräumen.

18. Einander Geschichten erzählen

Keine Angst. Sollten Sie befürchtet haben, dass wir unter diesem Punkt die Moralkeule schwingen und an Ihr pädagogisches Gewissen appellieren, dürfen Sie sich entspannt zurücklehnen. Das wird nicht passieren. Sie können also beruhigt weiterlesen. Natürlich hätten wir guten Grund, Sie darauf hinzuweisen, dass Geschichtenerzählen wie auch Malen ein kreativer Akt ist, der für Kinder zu den elementaren Bedürfnissen gehört, und dass sich Kinder durch ihre Geschichten mitteilen, in denen sie ihre Erlebnisse verarbeiten sowie ihre Hoffnungen und Ängste zum Ausdruck bringen. Doch das ist Ihnen sicher längst bekannt, weshalb hier nicht darauf eingegangen werden muss.

Auch könnten wir ganz allgemein über die immense Bedeutung von Geschichten für den Menschen sprechen: dass Geschichten von jeher Teil unserer kulturellen und sozialen Identität sind, dass sie uns verdeutlichen, *wer* wir sind, und dass das Geschichtenerzählen in einer Zeit zunehmender medialer Verkleisterung immer seltener anzutreffen und in manchen Haushalten bereits vom Aussterben bedroht ist. Doch auch das bedarf keiner Erwähnung.

Worauf wir ebenfalls nicht hinweisen werden, ist die große Bedeutung, die das Spielen mit Worten und Gedanken für die Entwicklung eigener, kreativer Gedanken hat, und dass das Unterbinden dieses kreativen Spiels zu Spracharmut führt. Das kann insofern schlimme Folgen haben, als unsere Kinder, indem sie sich Geschichten ausdenken, über ein äußerst wirksames, quasi therapeutisches Selbstheilungsmittel verfügen, auf das sie jederzeit zurückgreifen können.

Tatsächlich werden wir Ihnen nicht einmal im Hinblick auf die Wichtigkeit des Erzählens für die Sprachentwicklung sowie die

Kommunikationsfähigkeit von Kindern Vorhaltungen machen. Ebenso wenig übrigens wie über den Zusammenhang zwischen kreativem Denken und der Fähigkeit, komplexe philosophische Überlegungen anzustellen. Nein, all das werden Sie von uns nicht hören. Denn Sie wissen es bereits.

Alles, was wir Ihnen sagen möchten, ist Folgendes: Wenn Sie ihnen Gehör schenken und die Möglichkeit dazu geben, werden sich Ihre Kinder als wahre Erzählkünstler entpuppen, deren Geschichten Ihnen als Eltern nicht einmal im Traum einfallen würden. Sie sehen also: Sie haben nichts zu fürchten.

19. Lästern

Wer früher an der Nordsee «lästerte», der schaute, wo etwas leck war, wo das Fundament nicht mehr tragfähig war, oder er suchte nach den Schäden eines Schutzdeiches.

Auch heute bezeichnet das Lästern nur scheinbares Nichtstun, und der pädagogische Ethos von Eltern, dieses Verhalten ihrer Kinder generell anzuprangern, ist ohnehin vergebliche Liebesmüh: Lästern lernt man nämlich nicht, es ist angeboren, wie der US-Psychologe Frank McAndrew herausgefunden hat. Studien belegen, dass mithin zwei Drittel aller Gespräche aus Klatsch und Tratsch bestehen. Klatsch kann man also ebenso gut als Beziehungsarbeit betrachten, man sollte nur die Grenzen kennen. «Herr, hilf mir, den Mund zu halten, wenn ich schweigen soll!» (*Die Bibel*, Psalm 141, Vers 3), betete schon König David und erhoffte sich offenbar Antwort auf die Frage, wo der Spaß nun aufhöre und der Ernst anfange.

Wenn wir hier nun über das Lästern im Familienkreis schreiben, dann meinen wir nicht das sogenannte «*bullying*», ein Verhalten, bei dem Kinder einander ausgrenzen und sich dabei selbst aufwerten. Sondern das spontane und ungefilterte Ausdrücken von Gefühlen, bei denen man auch mal Dampf bei anderen ablassen darf.

Wenn Ihr Kind also einmal beim Mittagstisch über den Mathelehrer her- und seinen Kumpel durch den Kakao zieht, sollten Sie zuhören. Es möchte dann nach einem anstrengenden Tag, an dem alles Mögliche schiefgelaufen ist, Frust abbauen. Legen Sie dabei nicht gleich jedes Wort auf die Goldwaage. Ihr Kind hat es in dem Moment ja auch nicht getan und quasselt Stunden später mit demselben Kumpel am Telefon.

Lästern ist eine Form der Alltagskommunikation wie Herumblödeln, Klatschen oder jemanden Necken. «Ich erzähl dir mal, wie das gelaufen ist. Die hat doch allen Ernstes versucht ...» – Lästern macht Spaß, und jeder kennt es von sich. Was wären wir schon ohne Harald Schmidt, der über den FC Bayern lästert?

Der ungnädige Blick auf fremde Schwächen funktioniert wie eine Art sozialer Kitt und dient der Herstellung von Intimität. Auch zwischen Ihnen und Ihrem Kind.

20. Ein Haustier schenken

Welche Eltern haben schon das Glück, nicht eines Tages von ihrem Kind gefragt zu werden, ob es nicht ein hübsches, niedliches Haustier haben könne? Ob es sich bei diesem Wunsch um eine Wüstenspringmaus oder einen Bernhardiner handelt, spielt zunächst keine Rolle. Das Kind verspürt offenbar den Wunsch, einen scheinbar anspruchslosen Spielkumpanen zur Seite gestellt zu bekommen. Damit beginnt natürlich erst einmal die Aufklärungsarbeit, nach dem Motto: «Weißt du eigentlich, wie viel Arbeit so ein Tier macht? Und dass damit Verantwortung für dieses Wesen einhergeht? Dass man sich täglich darum kümmern muss, auch wenn man gerade mal keine Lust hat, weil man schlecht geschlafen hat oder das Wetter draußen scheußlich ist?»

All diese Fragen wird Ihr Kind mit an Sicherheit grenzender Wahrscheinlichkeit souverän mit den Worten «Ja, natürlich weiß ich das!» beantworten. Nun, wer wollte es ihm verübeln, erkennt man vieles doch erst, nachdem man es einmal ausprobiert hat. So ein Haustier kann, bei aller Arbeit, die es im Endeffekt natürlich auch und zuallererst den Eltern macht, bei all dem Dreck und all den Kosten, die damit einhergehen, einen wichtigen pädagogischen Effekt erzielen. Das Kind lernt, Verantwortung zu übernehmen, und gewöhnt sich daran, dass es Wesen gibt, die auf andere angewiesen sind. Und das in jeder nur erdenklichen Lebenslage. Später können das die Großeltern sein, Freunde und irgendwann auch einmal man selbst, als Vater oder Mutter.

Insofern können Sie Ihrem Kind in wohldosiertem Maße schon früh vermitteln, wie man mit dieser Verantwortung umgehen sollte. Dabei wird es im glücklichsten Falle auch erfahren, dass Verantwortung erfüllend sein kann. Das Kind weiß, dass es eine Rolle spielt,

Bedeutung hat, gefragt ist. Dass es ein selbstverständlicher Bestandteil der Gesellschaft ist, in der es lebt. Nicht zuletzt kann Verantwortung auch etwas sehr Schönes sein: Das Kind erfährt Dankbarkeit und nicht selten auch Zuneigung. Darin unterscheiden sich Haustiere kaum von Menschen. Nur dass sich die Übernahme von Verantwortung an einem Kaninchen in aller Regel leichter üben lässt als an einem Menschen, egal ob alt oder jung.

Gerade bei einer so entscheidenden Sache wie der Übernahme von Verantwortung ist es daher ratsam, für das Kind einen möglichst einfachen Einstieg zu finden. Insofern könnten Sie Ihren Nachwuchs vielleicht erst einmal mit der Betreuung eines Goldfisches beauftragen, bevor Sie sich ein Mondkalb wie den erwähnten Bernhardiner ins Haus holen. Sollte der Goldfisch nach wenigen Wochen mit dem Bauch nach oben an der Wasseroberfläche seines Glases treiben, ist der Zeitpunkt gekommen, sich nachdrücklich zu vergewissern, ob Ihr Kind tatsächlich und bei aller Liebe der Übernahme einer sprichwörtlich größeren Verantwortung gewachsen ist.

Darüber hinaus dürfen Sie für den Fall, dass Ihr Kind den Goldfisch sicher über die Runden bringt, nicht vergessen, dass im Falle der Anschaffung eines Haustieres von der Größe eines Kalbes für die kommenden zwölf bis fünfzehn Jahre Ferien fast ausschließlich in der näheren Umgebung oder auf einem Bauernhof angesagt sind. Es sei denn, Sie haben Eltern oder Schwiegereltern in der Hinterhand, die sich regelmäßig bereiterklären, den Futtertrog des menschengroßen Haustiers zu füllen und allen anderen Bedürfnissen nachzugehen, etwa täglichen Gewaltmärschen von mehreren Stunden.

21. Improvisieren

Manche Menschen glauben, Improvisation sei lediglich das Ergebnis mangelnder Planung. Andere finden es müßig, alle Eventualitäten bis ins Detail durchzuspielen, und halten Improvisation für einen Akt der Kreativität, ja sogar für eine Kunst. Schwer zu sagen, was stimmt. Unter den großen Frauen und Männern der Geschichte finden sich ebenso viele kühl planende Strategen wie kreative Improvisationstalente. Sicher ist nur: Wer sich ausschließlich auf das eine oder das andere versteift, der kommt nicht weit. Fast jedes Jahr müssen Hobby-Bergsteiger, die in Turnschuhen und leichter Kleidung spontan das Matterhorn zu erklimmen versuchen, von der Bergwacht gerettet werden. Doch auch bestens ausgerüstete und trainierte Profis können in Not geraten, wenn sie nicht im richtigen Moment ihre Pläne über den Haufen werfen. Pure Improvisation ist ebenso sinnlos wie stures Beharren auf einmal festgelegte Parameter.

An anderer Stelle in diesem Buch wird erklärt, wie Sie Ihrem Kind beibringen, einen Plan zu machen. Pläne sind logische Konstrukte und deshalb einfacher zu erlernen als Improvisation. Diese fußt auf der Lust am Spiel, und die hat man, oder man hat sie eben nicht. Kinder haben diese Lust von Natur aus. Deshalb sind sie auch wahre Improvisationskünstler – sofern man sie lässt. Genau das müssten Sie daher tun: Ihren Kinder das Zepter übergeben.

Was meinen Sie? Sie möchten so eine Aktion in Ruhe planen? Guter Witz. Dennoch ist der Reflex verständlich. Mit zunehmendem Alter verlieren wir das Vertrauen in Improvisationen, denn Pläne sind berechenbar und klingen obendrein seriös. Für Banken, Vorgesetzte oder Geschäftspartner hat das Wort Improvisation den Beigeschmack purer Anarchie. Deshalb glauben wir irgendwann, dass wir nur dann zum Ziel kommen, wenn wir einen möglichst ausgeklügelten Plan haben.

Stimmt aber nicht. Ihre Kinder werden es Ihnen zeigen. Kein Essen im Haus? Macht nichts, irgendwas lässt sich immer zaubern. Sie müssen nur riskieren, Lebensmittel zu verrühren, von denen Sie nie gedacht hätten, dass sie gefahrlos verrührbar sind. Gleiches gilt für die Wahl der Garderobe. Wenn Sie gewagte Farbkombinationen in Kauf nehmen, finden Sie auch in einem praktisch leeren Schrank noch genügend Klamotten.

Das Prinzip der Improvisation ist simpel: Sie müssen nur versuchen, die vorhandenen Kapazitäten so kreativ und effizient wie möglich zu nutzen. Dabei dürfen Sie nicht davor zurückschrecken, auch irrwitzige Ideen in Betracht zu ziehen. Es sind schon Leute aus Hochsicherheitsgefängnissen geflohen, obwohl sie nur einen alten Löffel besaßen, um sich durch die meterdicke Wand einen Weg in die Freiheit zu graben. Andere unternahmen gefährliche Entdeckungsreisen, in dem Wissen, dass Sie am Ziel hauptsächlich auf ihr Improvisationstalent angewiesen sein würden.

Selbstverständlich sollen Sie Ihren Nachwuchs nicht gleich mit existenziellen Problemen konfrontieren. Ein Abendessen, ein Outfit oder ein Picknick am See zu improvisieren reicht bereits, um ein Gefühl dafür zu entwickeln, dass Pläne uns nicht daran hindern sollten, bei passender Gelegenheit unserem Bauch zu trauen. Das ist ein bisschen wie beim Jazz: Man darf keine Angst davor haben, eine falsche Note zu spielen. Sollte es doch mal passieren, dann hängt es von der folgenden Note ab, ob sich das Ganze am Ende noch gut anhört oder nicht. Das ist übrigens eine Erkenntnis von Miles Davis. Und der war bekanntlich nicht ganz so schlecht im Improvisieren.

22. Mit den Fingern essen

Kinder großzuziehen ist eine Freude. Und eine nervenaufreibende Sisyphosarbeit. Manchmal nimmt einen der nervenaufreibende Teil derart in Anspruch, dass man darüber die Freude vergisst. «Mit den Fingern essen» soll Sie dazu ermuntern, den täglich wiederkehrenden Erziehungsfragen auch mal mit Gelassenheit zu begegnen. Dabei steht es stellvertretend für viele Fragen, die Eltern bei der bloßen Erwähnung in zwei oder mehrere dogmatische Lager spalten. Ein Blick in die Elternforen des World Wide Web genügt, um sich von der sozialen Sprengkraft dieses Themas zu überzeugen.

Während die einen darauf bestehen, dass es einem Kind gestattet sein müsse, die Tischritzen mit Kartoffelbrei zu füllen, um das ganze anschließend mit Ketchup zu verfugen, beharren andere darauf, dass man einem immerhin schon zweieinhalbjährigen Kind so etwas unmöglich noch «durchgehen lassen» dürfe. «Dann ist der Teller eben weg», heißt es da gerne mal. Man könne nicht zulassen, dass das eigene Kind «frisst wie ein Schwein», das «hat was von Tierhaltung». Manieren seien nun mal wichtig. Gesellschaftlicher Konsens. Soziale Norm. Je früher man damit anfängt, desto besser. Abweichungen von der Regel führen zwangsläufig zur Aufweichung derselben. Es scheint also einen unüberwindbaren Graben zu geben. Freiheit! fordern die Rufer auf der einen Seite, Regeln! die auf der anderen. Wo da die Freude bleibt?

Hand aufs Herz: Glauben Sie wirklich, dass Sie Ihr Kind mit achtzehn in kein Restaurant mitnehmen können, weil Sie ihm mit zweieinhalb gestattet haben, Reisbällchen zu formen? Droht Ihr Kind sozial zu verwahrlosen, weil es sich manchmal Penne Rigate auf die Finger steckt und so Tigerkrallen daraus macht?

Auf dem Weg zu einer eigenen Einstellung in dieser Frage können Sie nun Psychologen zu Rate ziehen, die herausgefunden haben wollen, dass es für die gesunde Entwicklung eines Kindes geradezu notwendig ist, Essen zu «erfassen». Auch können Sie sich vergegenwärtigen, dass etwa zwei Drittel der Weltbevölkerung mit der Hand isst, und zwar ausschließlich. Oder Sie geben der «guten Erziehung» und den gesellschaftlichen Normen «unseres Kulturkreises» den Vorzug.

Sie können aber auch alle Argumente, Prinzipien und gesellschaftlichen Konventionen außer Acht lassen und sich einfach mal über den Tisch hinweg gegenseitig mit zusammengeklappten Pizzastücken füttern. Das macht nämlich echt Spaß.

23. Tischmanieren beibringen

So schön es sein kann, mit dem eigenen Kind gemeinsam mit den Fingern zu essen, so angebracht dürfte es sein, seinem Kind einen Grundstock an Manieren zu vermitteln. Und zwar solche, die Sinn ergeben oder das eigene Leben sowie das des Umfeldes erleichtern. Einem Kind in unserer Zeit zu vermitteln, dass man Kartoffeln nicht mit dem Messer zerteilen dürfe, wäre ausgemachter Unsinn. Schließlich war diese betagte Regel einst einzig und allein dem Umstand geschuldet, dass die Säure der Kartoffel die Klingen der damaligen Messer schwarz anlaufen ließ, was bei den Gabeln nicht der Fall war, da sie aus anderem Material gefertigt wurden oder vielmehr aus einem Guss waren.

Dass es aber auch heute noch durchaus angebracht ist, beim Essen nicht mit dem Gesicht im Teller zu hängen, erschließt sich jedem, der gewisse Mindestvoraussetzungen an die Alltagsästhetik stellt. Auch das Schmatzen ist ein Geräusch, das jedem Europäer, der mit einem durchschnittlichen Hörvermögen ausgestattet ist, spätestens bei der zweiten Gabel den Appetit verdirbt. Ebenso erfreut es das Auge nicht besonders, wenn das Gegenüber den nicht zum Führen der Gabel oder des Löffels benötigten Arm auf dem Boden schleifen lässt. Sollte Ihr Kind eine dahingehende Ermahnung mit den Worten quittieren, die geliebten Schimpansen im Zoo täten das schließlich auch und seien vom Menschen nicht so weit entfernt, machen Sie Ihr Kind ruhig darauf aufmerksam, dass es eben auch jenes Verhaltensmuster ist, das den Menschen vom Tier unterscheidet. Und dass man die Gepflogenheiten der Zoobewohner nicht unbedingt unreflektiert übernehmen muss.

Nun hören wir Sie bereits stöhnen, wie unendlich mühsam es doch ist, Kindern Manieren beizubringen. Das ist sicher richtig. Allerdings nur so lange, bis Sie sich überlegen, wie viel Kraft es auf der anderen Seite kostet, gut und gerne sechzehn Jahre lang während jeder Mahlzeit das Gefühl zu haben, Sie säßen mit Schweinen vor dem Trog. Ganz abgesehen davon wird sich Ihr Kind später einmal leichter tun, wenn es einen gewissen Grundschatz an Manieren mitbringt. Zumal es auf dieser Welt immer Menschen geben wird, die nicht gerne mit Leuten am Tisch sitzen, die eher (tierisch) fressen denn (menschlich) essen. Gewiss, das ist kein dem Nachwuchs besonders leicht zugängliches Argument, es zu unterschlagen kann daher vorläufig angebracht sein. Spekulieren Sie einfach darauf, dass Ihr Kind es Ihnen eines Tages danken wird. Das heißt jetzt nicht, dass Sie zu einem der in grauen Vorzeiten üblichen Bücher, die unter die Arme geklemmt wurden, greifen sollten. Das wäre heutzutage dann doch übertrieben. Dass Essen etwas mit Genuss zu tun hat, können Sie Ihrem Kind aber durchaus vermitteln, anderenfalls wird ihm etwas Grundlegendes entgehen, was sich so schnell nicht beheben lassen wird. Essen ist eine kulturelle Angelegenheit, die weit über das Bedürfnis der regelmäßigen Nahrungsaufnahme hinausgeht. Oder zumindest hinausgehen kann, wenn man sich mit der Familie um den Esstisch versammelt, um etwa den Tag ausklingen zu lassen. Das Verbot so unschöner Dinge wie Rülpsen bei Tisch lässt sich ganz einfach damit begründen, dass der damit einhergehende Geruchsausstoß durchaus toxische Ausmaße annehmen kann, die dem Gegenüber den Appetit gehörig verderben können.

Kurz gesagt lässt sich festhalten, dass ein Mindestmaß an Manieren das tägliche Miteinander ungeheuer erleichtert. Dazu gehört zweifellos auch die Nennung der Tageszeit, wenn man sich begegnet. Oder der Dank für etwas, das man erhalten hat oder das für einen getan wurde. Denken Sie nur daran, wie viel schöner ein Tag beginnt, an dem einen der Postbote am Morgen freudig begrüßt, als wenn man auf einen muffelnden Zeitgenossen trifft, von dem man nicht einmal weiß, ob er seinen Mitmenschen überhaupt wahrgenommen hat. Oder, wie Oscar Wilde es so treffend auf den Punkt brachte: «Unnötiges ist heutzutage das Einzige, das wir wirklich brauchen.» Natürlich im übertragenen Sinne.

24. Die größte Sandburg bauen

In vielerlei Hinsicht sind Kinder genau wie Erwachsene, nur eben in Klein. Das gilt für ihr Bedürfnis nach Beachtung und Bestätigung ebenso wie für ihren Wunsch, die Größten zu sein (zumindest bei Jungs). Sie wollen sich messen und besser sein als die anderen, die Besten wenn möglich. Nichts ist cooler. Dabei erscheint uns Erwachsenen die Wahl der Disziplin oft seltsam willkürlich. Was sich später auf Bereiche wie Autos, Uhren und berufliche Karrieren verengt, kann im Vorschulalter noch fast alles sein. Wer nicht am schnellsten rennen, am weitesten pinkeln oder am längsten die Luft anhalten kann, der will wenigstens das größte Laserschwert haben, am besten die Finger verknoten können oder jemandes bester Freund sein.

Vielen Eltern fällt es schwer, für dieses tierische Rudelgebaren Verständnis aufzubringen. Manche befürchten sogar, dass sich das Verhalten ihres Kindes später zu ebenjener Egomanie auswachsen könnte, die so viele Erwachsene für ihre Umwelt zu einer Zumutung machen. Diese Angst ist unbegründet. Zum besseren Verständnis sei hier erwähnt, dass sich der Testosteronspiegel bei Jungen im Alter von etwa vier Jahren schlagartig verdoppelt (bis zum Alter von drei Jahren ist er auf dem gleichen Niveau wie bei Mädchen). Die können gar nicht anders. Tun Sie es also. Geben Sie Ihren Kindern die Chance, auch mal die Besten zu sein. Das Leben stutzt sie noch früh genug zurecht.

Bauen Sie mit Ihrem Kind die größte Sandburg, essen Sie das größte Eis mit ihm, lassen Sie es den größten Fisch fangen. Erfolg ist schnell vergänglich. Womöglich wird Ihr Kind nie wieder im Leben in irgendetwas der Beste sein. Die meisten sind es nicht. Muss ja auch nicht sein. Und einmal auf dem Siegertreppchen ganz oben zu stehen, hat noch niemanden den Bodenkontakt verlieren lassen.

25. Einen Film drehen

Die erste Regel im Hollywood-Geschäft lautet: «*Never spend private money*». Filme sollten also grundsätzlich fremdfinanziert werden, damit einem die Kosten nicht über den Kopf wachsen können. Je nach Dimension des Filmprojektes, das Ihrem Kind so vorschwebt, kann es sinnvoll sein, die Verwandtschaft in einem Filmfonds zu bündeln. Letztlich ist das ganz einfach: Jeder, der den Film sehen will, muss schon vor Drehstart einen völlig überhöhten Eintrittspreis entrichten, sonst bekommt er den Streifen nicht zu Gesicht. Bei der Premiere wird übrigens trotzdem nochmal kräftig abkassiert. Frei nach dem Motto: «*That's showbiz!*»

Sie fungieren als ausführender Produzent. Das heißt, Sie sorgen dafür, dass das Equipment gebucht, der Drehort professionell abgesperrt und das Catering schmackhaft ist. Mit anderen Worten: Sie haben sich von einem guten Freund eine Videokamera geliehen, das Haus auf Vordermann gebracht und die Nummer des Pizzaservices bereitgelegt. Obwohl Sie einen beträchtlichen Teil der Arbeit leisten, besitzen Sie keinerlei künstlerisches Mitspracherecht. Es handelt sich bei *Prinzessin Jule* – so der Arbeitstitel unseres Blockbusters – nämlich um einen Autorenfilm.

Ihr Kind wird gemeinsam mit der Crew, also mit Freundinnen, Freunden und Nachbarskindern, über die Handlung, die Bildsprache, die Besetzung und alles andere entscheiden. Seien Sie froh, dass Sie überhaupt die Kamera halten dürfen. *Karo und die Kellermonster* – so der brandneue Titel unseres vor zwei Minuten auch inhaltlich leicht veränderten Blockbusters – soll jedenfalls die Grenzen des Horrorfilmgenres sprengen und muss deshalb entgegen des ursprünglichen Plans gänzlich im gruseligen Keller des Nachbarhauses gedreht werden. Wobei niemand ahnen kann, dass die Crew dort

zufällig massenweise Laken findet, die perfekt zum spontan konzipierten Sandalenfilm *Gladiator Conni und die fünf Kaiser von Rom* passen. Sollte man den Streifen nicht besser im örtlichen Museum drehen?

Stellen Sie sich darauf ein, dass der Film ein Genremix wird, und finden Sie sich außerdem damit ab, dass Handlung, Kostüme und Schauplätze manchmal etwas beliebig wirken. Vielleicht wird unser Streifen doch eher ein Arthouse-Film mit Potenzial zum Klassiker. Später wird man ihn sicher in einem Atemzug mit rätselhaften Meisterwerken wie *Letztes Jahr in Marienbad* nennen. Die Feuilletons dürften aber bemerken, dass *Urwaldabenteuer im Stadtpark* – so der neue Arbeitstitel – im Vergleich zu Resnais' Klassiker geradezu rasant geraten ist.

Sollte Ihnen zwischendurch alles zu viel werden, dann schlagen Sie der Crew einfach vor, Pizza zu bestellen. Die Arbeit am Set macht hungrig, und eine halbstündige Mittagspause gibt Ihnen etwas Zeit zur Regeneration. Trösten Sie sich damit, dass selbst bei professionellen Filmarbeiten oft alles schiefläuft und die Beteiligten sich streiten wie die Kesselflicker. Werner Herzog soll seinen Hauptdarsteller Klaus Kinski im peruanischen Dschungel sogar mit einer Flinte bedroht haben, weil der unberechenbare Star das Set verlassen wollte. Der betreffende Film *Aguirre, der Zorn Gottes* wurde trotzdem ein Erfolg.

So anstrengend die Dreharbeiten auch sein mögen, Sie beweisen damit eindrucksvoll, dass Sie die Zeichen unserer multimedialen Zeit erkannt haben. Selbst Grundschüler sind in der Lage, Film- und Musikschnipsel zuerst mit dem Handy aufzunehmen und dann ins Netz zu stellen. Daher sollten auch Sie sich mit dem aktuellen Stand der Technik auskennen oder dies zumindest vortäuschen. Sie brauchen übrigens nicht auch noch Musik sampeln oder Online-Spiele programmieren zu können. Übrigens, kennen Sie eigentlich jemanden, der was von Filmschnitt und visuellen Effekten versteht? Später bräuchten Sie dann ja auch noch Filmmusik …

26. Abschied nehmen

Was das Abschiednehmen angeht, macht uns Menschen so schnell niemand etwas vor. Darin sind wir echte Profis. Das ganze Leben – eine kontinuierliche Aneinanderreihung von Abschieden und Trennungen. Schon bei der Geburt geht es los: Tschüs, Mutterleib, auf Nimmerwiedersehen. Kaum sind wir dann in der Lage, uns auf die Seite zu drehen, wird uns die Brust entzogen, plötzlich sollen wir in unserem eigenen Bett schlafen (allein!), uns von Babysittern beaufsichtigen lassen und obendrein erst in die Kita und dann in die Schule gehen. Oft müssen wir, sobald wir das alles auch nur halbwegs verdaut haben, mit so schrecklichen Dingen wie Trennung und Umzug klarkommen, werden einem Elternteil und/oder unseren Freunden entrissen.

Schon die «kleinen» Abschiede können Ihrem Kind großes Leid und tiefen Schmerz verursachen. Umso wichtiger ist es, dass Sie ihm in der Bewältigung dieses Leids ein gutes Vorbild sind. Soll heißen: das Leid ernst nehmen, es teilen (Kinder dürfen ruhig begreifen, dass auch für Eltern die Trennung von ihnen schmerzhaft ist), aber nicht noch vergrößern, indem Sie es darin bestärken, dass alles ganz furchtbar schrecklich ist. Schön ist, wenn es Ihnen gelingt, Ihrem Nachwuchs das Vertrauen zu geben, dass er damit klarkommen wird.

Die meisten «kleinen» Abschiede haben jedoch auch eine positive Seite. Sie stehen für Aufbruch, Bewegung, wachsende Autonomie – markieren also einen Neuanfang. Und der ist ohne Abschied nun mal nicht zu haben. Jeder Anfang bedeutet auch ein Ende. Wenn Kinder verstehen, dass sie etwas Neues erwartet, ist oft schon viel gewonnen. Manche Trennungen, und das sind die schönsten, sind bereits von Vorfreude auf das Wiedersehen getragen.

Richtig schlimm ist dagegen der Abschied für immer. Der zwingt einen jeden in die Knie, ob man will oder nicht. Irgendwann ist es so weit: Die Großeltern sterben, vielleicht sogar ein Freund oder die eigene Schwester. Das Kind ist, genau wie alle anderen Trauernden, gefangen in einem schwarzen Loch, kann nichts mehr essen und hat keine Ahnung, wie es aus dieser Trauer je wieder herausfinden soll. Jetzt ist es gut, wenn das Kind in puncto Trennung bereits ein paar leidvolle Erfahrungen gesammelt und vor allem Eltern hat, die für es da sind, wenn es sie braucht, und die es in Ruhe lassen, wenn es allein sein will. Eltern, die ihm nicht vorschreiben, wie es zu sein und was es zu tun hat. Auf welchem Weg auch immer sein Kummer jetzt den Weg nach draußen sucht – gelingt es den Eltern, ihr Kind auf diesem Weg entgegenzukommen, wird das schwarze Loch einen Boden haben.

Denn wenn wir Menschen, egal ob groß oder klein, uns in unserem Leid verstanden und akzeptiert fühlen, finden wir früher oder später auch wieder heraus.

27. Etwas sammeln

Es gibt praktisch nichts auf der Welt, das nicht zum Sammeln taugt. Filmdiven sammeln Ehemänner, Rockstars sammeln Drogenexzesse, und manche Politiker sammeln Wahlschlappen. Eine der größten Handelsplattformen im Internet hat ursprünglich mal als Sammlerbörse angefangen, wodurch überhaupt erst zum Vorschein kam, was weltweit angehäuft wird. Das Ergebnis: Neben Klassikern wie Briefmarken, Münzen oder Zinnsoldaten sammeln gewöhnliche Menschen so ziemlich alles, was irgendwie in verschiedenen Ausführungen hergestellt wurde oder wird, etwa Überraschungseier, Kristallfiguren, Fußballwimpel oder Kuckucksuhren. Gewöhnlich richtet sich die Sammelleidenschaft auf kleinere Gegenstände, was an den begrenzten finanziellen Möglichkeiten der meisten Sammler liegt. Das Sammeln von Sportwagen oder Luxusvillen können sich eben nur wenige Betuchte leisten. Trotzdem gibt es auch eine ganze Reihe Sammler sperriger Objekte, beispielsweise alter Flugzeuge, Panzer oder Traktoren.

Ab wann eine Sammlung als solche bezeichnet werden kann, ist ebenso schwierig zu beantworten wie die Frage, weshalb Menschen überhaupt Dinge horten. Letzteres scheint uns evolutionär zu begleiten, weil wir ursprünglich als Jäger und Sammler angefangen haben, den Planeten zu erobern. Manche behaupten, dass man im Kindesalter dem archaischen Sammeltrieb unbedingt nachgeben solle, weil man es sonst im Erwachsenenalter nachholen müsse. Also lieber im Grundschulalter Fußballbilder anhäufen als später Bierdeckel, Spazierstöcke oder sonstigen Quatsch.

Pardon, vergessen Sie bitte die letzte Bemerkung, schließlich gibt es eine ganze Reihe von Sammlungen, die die Welt dringend braucht, beispielsweise die Kunstsammlungen von Ludwig, Saatchi oder Schirmer. Außerdem ist unklar, ob die Kompensationstheorie überhaupt stimmt, denn sie wurde auch schon als Erklärung für die Leidenschaft von Erwachsenen für Modelleisenbahnen bemüht. Sollte Ihr Kind jedenfalls eines Tages zu jenen beneidenswerten Menschen gehören, die ein paar Millionen Euro für Kulturgüter übrig haben, dann können Sie sich damit brüsten, die Sammelleidenschaft Ihres Kindes geweckt zu haben.

70   Nur wie funktioniert das? Da kindliche Sammelleidenschaft womöglich zum evolutionären Grundstock eines jeden Menschen gehört, brauchen Sie Ihr Kind nur beim Sammeln zu unterstützen. Hilfreich dürfte es sein, wenn Sie zumindest für eine Übergangszeit ebenfalls zum Sammler werden. Sie können Ihr Kind auf diese Weise mit der Materie vertraut machen und es beraten, bis es als Sammler auf eigenen Füßen steht.

Daraus ergibt sich automatisch die Frage: Was wollen Sie beide denn überhaupt sammeln? Danach richtet sich nämlich, wo Sie künftig einen wesentlichen Teil Ihrer Freizeit verbringen werden. Viele Sammlungen beginnen auf Trödel- und Antikmärkten, deren Besuch durchaus ein nettes Wochenendvergnügen sein kann. Möchte Ihr Kind etwas sehr Spezielles sammeln, müssen Sie damit rechnen, sich fortan auf Fachmessen zu langweilen. Dort gibt es dann beispielsweise auf Tausenden von Quadratmetern ausschließlich Blechspielzeug zu bestaunen. Klüger wäre es da schon, einen Sammelgegenstand zu wählen, der einen gewissen Unterhaltungs- und Gebrauchswert hat. Beispielsweise Bücher, Comics, Filme oder Computerspiele. Sollten Sie in freier Natur sammeln wollen, dann sind Pilze zu empfehlen. Das Sammeln von Käfern ist Geschmackssache und politisch wenn nicht unkorrekt, so zumindest diskutabel. Schmetterlinge dürfen nur noch zu Forschungszwecken gesammelt werden und scheiden damit aus. Am Meer bietet sich das Sammeln von Muscheln an, leider lassen sich damit allerdings nur dann interessante Sammlungen anlegen, wenn man viel in der Welt herumkommt. Ähnliches gilt für das Sammeln von Strandgut.

Achten Sie auf jeden Fall darauf, dass die Sammlung ohne große finanzielle Schwierigkeiten wieder aufgelöst werden kann, für den Fall, dass Ihr Kind eines Tages die Lust am Sammeln verliert. Das ist nicht nur ganz normal, sondern fast sogar unausweichlich. Wichtig ist es deshalb, dass Sie Ihre rein pädagogisch motivierte Sammelleidenschaft nicht an die große Glocke hängen. Es gibt nämlich immer irgendwelche wohlmeinenden Freunde und Bekannte, die einem selbst dann noch Elefanten in allen Formen, Farben und Materialien schenken, wenn man schon seit Jahren keine Elefanten mehr sammelt. Das nervt.

28. Von einem Felsen springen

Alles, was Sie hierfür benötigen, sind ein möglichst gefahrloser Felsen und ein See. Der Felsen sollte senkrecht aus dem ausreichend tiefen (!) Wasser ragen und weder weniger als drei noch mehr als sechs bis sieben Meter hoch sein. Wählen Sie einen Sommer- oder Spätsommertag, idealerweise mit wolkenlosem Himmel und achtundzwanzig bis zweiunddreißig Grad im Schatten.

Wie so oft beim Heranwachsen von Kindern ist von Seiten der Eltern auch hier ein Gespür für das richtige Timing erforderlich. Ihr Kind sollte also auf jeden Fall schwimmen können. Darüber hinaus sollte es unbedingt springen *wollen*, sich aber noch nicht richtig *trauen*. Ein heikler Punkt, der bei dem einen bereits mit fünf oder sechs Jahren erreicht sein kann, während andere sich ihr Leben lang nicht trauen werden, von einem sechs Meter hohen Felsen zu springen. Dabei steht der Felsen natürlich nur für die Selbstüberwindung. Es geht letztlich für das Kind um das Bestehen einer Mutprobe, während das Ganze für die Eltern eine weitere Übung im Loslassen bedeutet. Wenn Sie also das sichere Gefühl haben, dass Ihr Kind auch als Erwachsener niemals wagen wird, von einem derart hohen Felsen zu springen, dann wählen Sie einen, der nur einen Meter fünfzig hoch ist, oder suchen Sie nach einer Mutprobe, die ein ähnliches Erfolgserlebnis für Ihr Kind verspricht.

So, Sie haben also den See, den Felsen, den richtigen Tag, die richtige Einstellung und ein Kind, das zu allem bereit ist. Jetzt stellt sich nur noch die Frage: Wie gehe ich vor? Wie kann ich meinem Kind dabei helfen, seine Ängste zu überwinden, um mit gestärktem Selbstbewusstsein wieder aufzutauchen? Die Antwort lautet: möglicherweise gar nicht. Oft führt jeder Versuch einer Einflussnahme nur zu einer Vergrößerung der Unsicherheit auf Seiten des Kindes.

An dieser Stelle sei daher eine Warnung, vor allem an die über-ambitionierten Väter unter uns, ausgesprochen, die sich so sehr ein mutiges Kind wünschen, dass sie ihm von unten so lange «Spring endlich!», «Los, du kannst das!» oder «Trau dich!» zurufen, bis sie einen Sonnenbrand auf der lichter werdenden Stirn haben. Kein Wunder, dass das arme Kind, von den Wünschen der Eltern und den eigenen Ängsten überfordert, irgendwann wieder von dem Felsen herunterklettert, um dann womöglich tatsächlich für den Rest seines Lebens nicht mehr hinaufzusteigen. Hier geht es um die Wünsche Ihres Kindes, nicht um Ihre! Wenn Ihr Kind so weit ist, wird es springen, wenn nicht, müssen Sie eben noch am Timing arbeiten.

Einfach nur großartig wird das Erlebnis hingegen, wenn Sie es fertigbringen, das Erfolgserlebnis für Ihr Kind noch zu steigern, indem Sie zum Beispiel behaupten, sich selbst noch nie getraut zu haben, von solch einem Felsen zu springen (wird Müttern meist eher geglaubt), sich dann auf ein Scheingefecht mit Ihrem Kind einlassen, an dessen Ende folgendes Ergebnis steht: Wenn Ihr Kind es wagt, springen Sie selbst ebenfalls.

Doch Achtung! Ihr Kind lernt nur einmal im Leben Fahrrad fahren oder Schwimmen, und es wird nur einmal zum ersten Mal von diesem Felsen springen. Wenn Sie dieses Erlebnis nicht mit ihm teilen, ist das wahrscheinlich nicht weiter tragisch, aber ein zweites Mal wird es nicht geben. Da Sie sowieso dabei sind, verpassen Sie nicht den Moment, in dem Ihr Kind wieder auftaucht und Ihnen zuruft: «Hast du gesehen, ich bin gesprungen!»

«Klar hab ich's gesehen!», rufen Sie zurück, und noch bevor Ihr Kind wieder an Land gekrabbelt ist, wird es Ihnen und allen, die auf den umliegenden Felsen in der Sonne dösen, verkünden: «Jetzt musst du!»

Wer weiß: Vielleicht stimmt es ja, und Sie selbst sind wirklich noch nie gesprungen. Dann machen Sie sich auf etwas gefasst.

29. Prioritäten setzen

Was der Brite mit «*first things first*» meint, lässt sich leider nur ungefähr mit «eins nach dem anderen» übersetzen. Die englische Wendung bringt deutlich besser auf den Punkt, dass Prioritäten nicht gänzlich frei wählbar sind. Es gibt nun mal Dinge, die man nicht tun kann, wenn man nicht zuvor einige andere Dinge erledigt hat. Wer Geld ausgibt, um später mal dafür zu arbeiten, bekommt auf Dauer Probleme mit seiner Bank. Und wer sich morgens zuerst ankleidet, um danach eine Dusche zu nehmen, landet relativ schnell in der Psychiatrie.

Prioritäten bestimmen also zu einem gewissen Teil logische Abfolgen. Trotzdem schaffen wir es immer wieder, uns selbst übers Ohr zu hauen, wenn wir unseren eigenen Prioritäten zu folgen versuchen. Ein Beispiel: Sie müssten dringend lästigen Papierkram erledigen, sind aber vorwiegend damit beschäftigt, irgendwelchen Menschen, die Sie aus anderen Gründen anrufen, zu erzählen, dass Sie dringend Ihren Papierkram erledigen müssten. Manchmal benutzen wir (vermeintliche) Prioritäten auch ganz offensiv, um uns vor unliebsamen Arbeiten zu drücken. In puncto Papierkram hört sich das dann so an: «Bevor ich Ordnung in die Unterlagen bringe, sollte ich ein neues Regal für die Aktenordner kaufen.»

Ihr Kind hat natürlich ähnliche Tricks auf Lager, um sich ein schönes Leben zu machen. Beispielsweise kann es sein Zimmer nicht aufräumen, weil sonst für die Schularbeiten nicht genügend Zeit bleibt. Die Hausaufgaben kann es wiederum nicht in einem zugemüllten Zimmer erledigen. Was soll Ihr Kind da tun? – Erst mal schwimmen gehen?

Das Jonglieren mit Prioritäten ist weit verbreitet. Sie sind hervorragend geeignet, um Fehler und Versäumnisse zu vertuschen. Wer nämlich Prioritäten vorschieben kann, hat einen guten Grund dafür, andere Dinge aufzuschieben.

Natürlich gibt es auch Menschen, die ihre Prioritätenlisten stoisch und konzentriert abarbeiten. Meist sind sie organisationsstärker und erfolgreicher als die oben beschriebenen Trickser, was jedoch nicht heißt, dass die First-Things-First-Fraktion auch zufriedener ist. Prioritäten machen uns nur selten frei, häufiger schaffen sie Abhängigkeiten von fremden Wertsystemen. Das liegt daran, dass alle und jeder Priorität genießen möchten. Freunde und Familie, der Arbeitgeber oder wahlweise die Kunden, keiner will unsere Aufmerksamkeit mit anderen teilen. Also versuchen wir, es allen recht zu machen, was nur gelingt, indem wir Prioritäten setzen. Ohne diesen Druck bräuchten wir solch ein System gar nicht, denn im Grunde hat jeder Mensch nur eine Priorität: Er möchte glücklich sein.

Aber wie schaffen Sie nun den Ausgleich zwischen den beiden Extremen? Wie machen Sie sich möglichst wenig von den Prioritätenlisten anderer abhängig, ohne Ihren Job, Ihre Partnerschaft oder Ihr Erbe aufs Spiel zu setzen? Der klassische Weg wäre, die Systeme gegeneinander auszuspielen und etwa ein Familienfest wegen angeblicher beruflicher Termine abzusagen. Langfristig führt das aber meist zu weiteren Konflikten, weil es nicht nur schwierig ist, sich ständig neue Alibis zu besorgen, sondern auch peinlich, wenn die Sache mal auffliegt. Besser wäre es also, wenn Sie den anderen reinen Wein einschenken. Durchaus möglich, dass Sie dabei auf mehr Verständnis stoßen als erwartet. Das Problem mit den Prioritäten kennt schließlich ein jeder. Außerdem gibt es in fast jedem Bekanntenkreis einen Menschen, der aufgrund einer einschneidenden Erfahrung quasi über Nacht brandneue Prioritäten für sein Leben gesetzt hat. Auch damit können die meisten also umgehen.

Was aber sagen Sie jetzt Ihrem Kind, das sich weder um die Hausaufgaben noch um sein Zimmer kümmern, sondern stattdessen schwimmen gehen möchte?

Sie haben genau zwei Möglichkeiten: Entweder Sie halten Ihrem Kind einen langen Vortrag über Prioritäten und verdonnern es dann zu den notwendigen Aufgaben. Oder Sie gestehen Ihrem Kind, dass Sie auch nicht die geringste Lust auf Ihren Papierkram haben, und gehen einfach mit ihm schwimmen.

Man muss eben Prioritäten setzen.

30. Angst und Schrecken verbreiten

Es ist da, das Monster. Groß und bedrohlich, wie Monster nun mal so sind. Und hinterhältig. Es lauert auf der anderen Seite der Wand, und du weißt nicht, durch welche Tür es als Nächstes kommen wird. Kaum bist du seinen Klauen entronnen, steht es plötzlich vor dir und breitet seine furchterregenden Schwingen aus. Manchmal verrät es sich durch ein Schnaufen oder einen Schatten, der über die Türschwelle kriecht. Du hörst es atmen, durch die Wand hindurch. Dein Herz schlägt so heftig, dass es dir die Kehle zuschnürt.

Da, ein Geräusch, aus dem Flur, nein, aus dem Schlafzimmer, oder etwa doch aus dem Flur? Oh Gott, warum nur muss dieses verfluchte Zimmer zwei Türen haben? Das Adrenalin elektrisiert dich bis in die Fingerspitzen. Der Bruchteil einer Sekunde entscheidet über dein Leben. Das Monster ist schlau, und wenn es dich zu fassen kriegt, frisst es dich auf, mit Haut und Haaren. Nur die Strümpfe wird es übrig lassen. Das hat es jedenfalls gebrüllt, von jenseits der Wand: «Wenn ich dich erwische, fresse ich dich auf! Bis auf deine dreckigen Strümpfe. Die lasse ich übrig.» Dann hat es gelacht, dass es im gesamten Schloss zu hören war, bis in den Kerker, wo dein Bruder festsitzt, den du befreien musst, bevor er gefressen wird und nur noch seine Strümpfe übrig sind.

Aus dem Flur! Es kommt aus dem Flur! Atemlos rettest du dich ins Schlafzimmer und drückst dich mit trommelndem Herzen gegen die Wand. Das war knapp, knapper geht's nicht. Mit seiner Tigerkralle hat es bereits dein Haar gestreift. Es klopft! Gegen die Wand. Du spürst es im Rücken. Nur eine Ziegelbreite trennt dich von ihm. Dann entfernt sich das Klopfen, und zwar in Richtung … Flur. Du musst zurück, sofort! Gut gemacht. Jetzt brüllt das Monster aus dem Schlafzimmer, weil es dich nicht erwischt hat. Noch nicht.

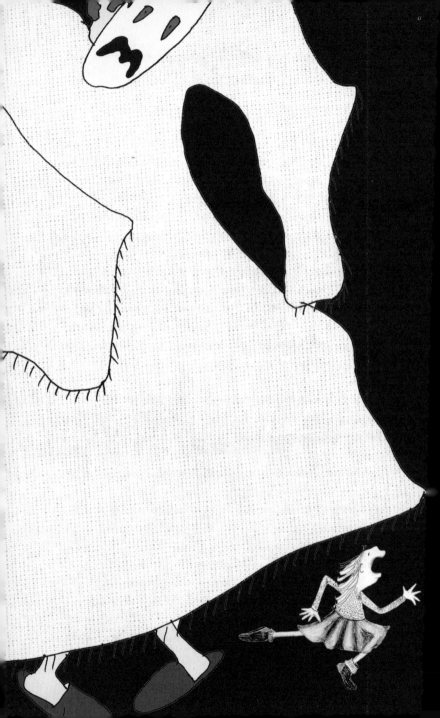

Du nimmst all deinen Mut zusammen und wagst am Türrahmen vorbei einen Blick in den Flur: leer. Das Monster muss im Schlafzimmer sein. Am Ende des Flurs ist der Kerker, in dem der Bruder sitzt. Da musst du hin. Doch der Flur ist wie offenes Gelände, dort hat es leichtes Spiel mit dir. Falls es dich erwischt. Du musst schneller sein, schnell wie ein Gepard. Du *bist* schnell wie ein Gepard. Morgens, auf dem Weg zur Kita, bist du immer als Erster an dem orangen Mülleimer. Aber reicht das für dieses Monster? Es hilft nichts, du musst. Schnell wie ein Gepard. Du rennst los wie nie zuvor in deinem Leben, vorbei am Schlafzimmer, den Flur hinunter, reißt die Tür zum Kerker auf, schlägst sie hinter dir zu und schiebst den Riegel vor. Geschafft.

Du atmest durch, drehst dich um, und bevor du weißt, wie dir geschieht, wirst du von zwei Klauen gepackt und in die Luft gerissen. O nein, es hat dich! Das Monster hat dich! Es hat im Kerker auf dich gelauert! Du schreist aus Leibeskräften, schreist um dein Leben, doch es hilft nichts. Du bist verloren und wirst gefressen, mit Haut und Haaren, bis auf die dreckigen Strümpfe.

Dein Vater wischt sich mit dem Handrücken über den Mund. «So, und jetzt?», fragt er, nachdem er dich verspeist hat.

Was für eine blöde Frage. «Noch mal!»

31. Einander etwas schenken

Ein Sprichwort besagt: «Kleine Geschenke erhalten die Freundschaft». Irgendwie klingt das nach Bestechung – oder zumindest sehr geschäftsmäßig. So profan hatten wir das Schenken doch gar nicht in Erinnerung. Sollten Geschenke nicht von Herzen kommen? Und sollten sie nicht ohne Hintergedanken gemacht werden?

Sagen wir mal so: Das ist die Theorie. In der Praxis überwiegen die Hintergedanken. Wenn Männer Frauen mit Juwelen behängen, Autowerkstätten Inspektionstermine verschenken oder ein Optiker seine Brillen kostenlos feilbietet, dann geschieht all das keineswegs ohne Hintergedanken. Der oder die Beschenkte soll den Schenkenden in guter Erinnerung behalten und ihm obendrein beizeiten seinerseits ein Geschenk machen. Damit wären wir dann wieder beim eingangs erwähnten Sprichwort. Geschenke helfen also, Beziehungen anzubahnen, auszubauen und zu festigen. Aber ist die Sache wirklich so profan? Kamen am Ende selbst die Heiligen Drei Könige nur deshalb nach Bethlehem, weil sie sich Vorteile davon versprachen, eine junge Familie mit Gold, Weihrauch und Myrrhe zu beschenken? Gibt es denn überhaupt keine Geschenke, die reinen Herzens gemacht werden?

O doch! Unsere Liebe können wir nämlich weder gezielt verschenken noch gezielt für uns behalten, und das färbt automatisch auf Geschenke ab, die wir einander aus lauter Liebe machen. Das geschieht beispielsweise, wenn Sie Ihren Kindern spontan Zeit schenken, obwohl es gerade überhaupt nicht in Ihren Terminkalender passt. Oder wenn Ihre Kinder voller Hingabe etwas für Sie malen, basteln oder Ihnen sonst wie auf kreativem Weg zu sagen versuchen: Danke für alles. Herzensgeschenke können ökonomisch betrachtet praktisch wertlos sein. Natürlich gibt es aber auch solche, die ein Vermögen kosten. Aus lauter Liebe wurden bereits Kriege geführt, Paläste erbaut und ganze Königreiche verzockt. Allein am materiellen Wert eines Geschenks lässt sich jedenfalls nicht ablesen, ob es von Herzen kommt. Auch die weitverbreitete Ansicht, dass ein Herzensgeschenk für den Schenkenden ein Opfer darstellen muss, trifft so nicht zu. Es ist unnötig, sich zu kasteien, um einem geliebten Menschen eine Freude zu machen.

Wie können Sie nun Ihrem Kind die Komplexität dieses Problems nahebringen? Da wäre auf der einen Seite der ritualisierte Akt des Schenkens, wie ihn die Werbung erfunden hat, passend für Anlässe wie Weihnachten, Ostern oder Halloween. Auf der anderen Seite gäbe es da noch den quasi paradiesischen Zustand des Herzensgeschenks, das ohne Hintergedanken, ohne eine Gegenleistung und ohne einen besonderen Anlass auskommt. Irgendwo dazwischen liegt ein Maß, das Großzügigkeit, Kalkül und Herzenswärme pädagogisch zufriedenstellend verbindet.

Wie man dort hinkommt? Sie lassen wirklich nicht locker, was? Okay, versuchen wir es mal auf die folgende Weise: Versetzen Sie sich bitte in die Position Ihres Kindes. Bislang ist Ihnen im Leben alles geschenkt worden. Was Sie dafür zurückgeben sind Liebe, Zuneigung und Folgsamkeit – Letzteres in Maßen, versteht sich. Obwohl Sie nicht über relevante Wirtschaftsgüter verfügen, führen Sie ein prima Leben. Verglichen mit dem, was Sie in die Waagschale werfen, ist der Ertrag sogar immens. Sie lernen daraus, dass man im Leben praktisch alles geschenkt bekommt. Ihre panischen Eltern möchten Ihnen auf gar keinen Fall diese Weisheit mit auf den Weg geben, weshalb sie die Ihnen zugedachten Geschenke aus rein pädagogischen Gründen zu dosieren versuchen. Das ist nicht nur eine wenig taugliche Lösung, sie führt auch nicht selten zu langwierigen Diskussionen mit Verwandten, die sich das Beschenken ihrer Enkel, Neffen, Nichten oder Patenkinder einfach nicht nehmen lassen wollen.

Besser als die Geschenkrationierung wäre es daher, wenn Sie

Ihrem Kind verdeutlichen, dass das eingangs erwähnte Sprichwort zutrifft. Geschenke sind schlicht eine Währung, wenn auch eine charmantere als Geld. Perspektivisch muss das System halbwegs ausgeglichen sein. Wer immer nur gibt, aber nie bekommt, der wird auf Dauer unzufrieden. Das gilt für Freundschaften ebenso wie für Familienbande. Andererseits kann es genauso gut nerven, ungefragt immer nur zu bekommen. Mag sein, dass kleine Geschenke die Freundschaft erhalten, es ist jedoch nicht gesagt, dass sie Freundschaften auch begründen. Wer also mit Geschenken um jemandes Anerkennung buhlt, dem sollte man helfen, ein Gespür dafür zu entwickeln, wann es zu viel des Guten ist. Sonst wird das spätestens in der Pubertät schwierig, wenn er seiner Angebeteten auf den Senkel geht oder sie dem Mann ihrer Träume über Gebühr nachstellt.

Dass man sich perspektivisch für Geschenke revanchieren muss, lernt Ihr Kind übrigens spätestens bei der Einschulung. Sich für eine große Tüte Süßigkeiten zu verpflichten, ab jetzt täglich Dinge zu lernen, steht schließlich in keinem Verhältnis. Da scheint er dann doch zu stimmen, der Satz: «Man bekommt im Leben nichts geschenkt.»

Das ist natürlich totaler Quatsch. Man muss nur die Augen offen halten.

32. Mit Fremdem umgehen

Schon immer zog es Menschen auf der Suche nach neuen Erfahrungen, neuen Kontakten und neuen Erwerbsquellen in die Fremde. Wer Neuland betrat, konnte im Handumdrehen reich und berühmt werden – oder sein Vermögen und im Extremfall sogar sein Leben verlieren. Das Prinzip gilt heute noch. Pioniertaten können sehr lukrativ, aber eben auch sehr gefährlich sein. Das Fremde fasziniert uns deshalb einerseits, andererseits macht es uns Angst.

Viele Eltern schärfen ihren Kindern ein, nichts von fremden Leuten anzunehmen und sich erst recht nicht von Fremden mitnehmen zu lassen. Die Sorge, ihre Kinder könnten von einem Unbekannten verschleppt werden, ist bei Eltern weit verbreitet, obwohl das Risiko statistisch gesehen eher gering ist. Entführungen geschehen in Deutschland selten, und in mehr als neunzig Prozent aller Missbrauchsfälle sind die Täter gerade keine Fremden. Woher rührt also die Panik vor dem großen Unbekannten? Vielleicht ist es eine Urangst, geschürt durch die kollektive Erfahrung, dass historische Begegnungen mit Fremden oft kriegerisch verliefen und nicht selten zum Verlust der Heimat führten.

Einige populistische Parteien sehen die Heimat heute durch fremde Einflüsse von innen gefährdet. Die multikulturelle Gesellschaft sei gescheitert, die kulturelle Identität extrem gefährdet, so die zentralen Thesen. Letzteres stimmt sogar, denn die Globalisierung befeuert den Prozess des kulturellen Austauschs und sorgt somit auch dafür, dass Kulturen nicht nur von ihren eigenen Traditionen, sondern auch verstärkt von anderen Kulturen geprägt werden. Was in diesem Zusammenhang Identität ist, muss immer wieder neu diskutiert und definiert werden. Wenn Sie Ihr Kind an diesem Prozess teilhaben lassen möchten, dann müssen Sie zuerst Ihre eigene Vorstellung von Identität kundtun. Das ist dann so eine Art kultureller Skizze, die Ihrem Kind hilft, sich zu orientieren.

Es gibt eine Reihe von Kapiteln in diesem Buch, die auf Traditionen abheben, ohne Traditionalismus zu proklamieren. Sie sollten Ihrem Kind das Fremde nicht vorenthalten, müssen aber selbst entscheiden, in welchen Dosen Sie es ihm verabreichen möchten. Kinder können problemlos in multikulturellen Strukturen aufwachsen, müssen das jedoch nicht zwangsläufig, um angstfrei Fremdem zu begegnen. Genau das sollten Sie Ihr Kind lehren. Falls es ohnehin in einer Stadt aufwächst, die verschiedene kulturelle Einflüsse vereint, und Ihr Kind sich auf diese Weise mit Fremdem auseinandersetzen muss, brauchen Sie eigentlich nichts weiter zu tun, als ihm beizeiten Rede und Antwort zu stehen. Diskussionen über kulturelle Missverständnisse und andere Sitten in fremden Ländern werden sich dann nämlich von ganz allein ergeben.

Falls Sie nicht in der Stadt wohnen, sollten Sie bewusste Begegnungen mit Fremdem schaffen. Zeigen Sie Ihrem Kind, dass die Welt bunter ist, als es die wenigen Fremden in Ihrem Heimatstädtchen vermuten lassen. Ob Sie mit Ihrem Kind in eine Großstadt fahren oder einen multikulturellen Abend in der Volkshochschule besuchen, ist letztlich sekundär. Für Ihr Kind ist nur wichtig zu wissen, dass es jenseits der Mauern Ihres Heimatstädtchens eine große kulturelle Vielfalt zu entdecken gibt. Dass man nicht mit einem Fremden mitgeht, ist ein durchaus sinnvolles Gebot. Sie müssen Ihrem Kind aber auch zeigen, dass – bei aller Vorsicht und aller Skepsis – Fremde nicht fremd bleiben müssen.

33. Phantastische Reisen unternehmen

Alles wiederholt sich nur im Leben,
Ewig jung ist nur die Phantasie;
Was sich nie und nirgends hat begeben,
Das allein veraltet nie!

Mit diesem Vierzeiler endet Friedrich Schillers Gedicht «An die Freunde». Etwas pathetisch vielleicht, und ob es stimmt, wird sich schwerlich nachprüfen lassen – typisch Schiller eben. Dennoch ist es zur Bekräftigung dessen, worum es hier geht, bestens geeignet.

Phantasie ist wichtig. Und gut. Wir lernen durch Phantasie, mit ihrer Hilfe verarbeiten wir unsere Ängste und Frustrationen, sie fördert unsere soziale und emotionale Kompetenz … Die Aufzählung ließe sich beliebig erweitern. Psychologen wollen sogar herausgefunden haben, dass Vierjährige, die sich regelmäßig mit imaginierten Gefährten umgeben und phantastische Reisen unternehmen, sprachgewandter sind, weniger aggressiv, insgesamt intelligenter … Auch diese Aufzählung ließe sich endlos fortsetzen. Der Philosoph Arthur Schopenhauer wagte sogar folgende These: «Alles Urdenken geschieht in Bildern: Darum ist die Phantasie ein so notwendiges Werkzeug desselben, und werden phantasielose Köpfe nie etwas Großes leisten – es sei denn in der Mathematik.»

Also bitte: Treiben Sie Ihren Kindern die Phantasie nicht aus. Die verkümmert mit zunehmendem Alter oft von allein. Weder müssen Sie fürchten, dass Ihr Kind später einmal nicht mit der Realität zurechtkommt, weil es sich im Vorschulalter gerne in phantastische Gefilde begeben hat, noch wird es zum Lügen neigen, weil es Ihnen von unglaublichen Abenteuern berichtet oder darauf besteht, dass wieder mal der grüne Tiger heimlich den Nachtisch aufgegessen hat. Die Haltung, die hinter den Wörtern «Wahrheit» und «Lüge» steckt, steht am Ende eines moralischen Bildungsprozesses, der auf persönlichen Erfahrungen beruht. Wenn Sie also wollen, dass Ihr Kind kein Lügner wird, sagen Sie ihm die Wahrheit, aber klagen Sie es nicht für seine Phantasiebegabung an.

Lassen Sie sich stattdessen lieber den Staub von den Flügeln Ihrer eigenen Phantasie pusten, und folgen Sie Ihrem Kind auf die dunkle Seite des Mondes, wo ein böses rotes Licht herrscht, das sich von ausgerissenen Zehennägeln ernährt, aber zum Glück gibt es ja noch den Riesen mit den sechs Spinnenbeinen und dem Piratenkopftuch, der kann nämlich Böses in Gutes verzaubern.

Zum Schluss sei den Zitaten von Schiller und Schopenhauer noch eins von Albert Einstein an die Seite gestellt. Der Nobelpreisträger bescheinigte dem Wert der Phantasie für den Menschen eine geradezu kosmische Dimension: «Phantasie ist wichtiger als Wissen. Denn Wissen beschränkt sich auf das, was wir kennen und verstehen, während die Phantasie unsere gesamte Welt umfasst.»

34. Beibringen, ein Instrument zu spielen

Ach Gott, wie bürgerlich, mag jetzt so mancher geneigte Leser ausrufen. Sicher, aber ist es deshalb verkehrt? Ein Instrument zu erlernen, sei es nun das Klavier, die Geige (für jeden halbwegs ausgebildeten Gehörgang zunächst einmal eine wahrlich harte Prüfung), die Gitarre, das Cello, das Schlagzeug oder die Bongotrommel (wovon zugunsten Ihres Seelenheils abzuraten wäre) – ein Instrument kann in vielen Lebenslagen ein äußerst dankbarer Begleiter sein.

Natürlich, sie ist nicht jedermanns Sache, die Musikalität. Aber jedes Kind sollte die Chance bekommen, das selbst herauszufinden. Aufhören kann es dann immer noch, sei es aus mangelnder Begabung oder schlicht Faulheit. Bitte seien Sie sich dabei von vornherein darüber im Klaren, dass das Ganze kein Spaziergang wird. Die wenigsten Kinder werden von sich aus brav üben, mit dem Instrument, das Sie ihm aufs Auge gedrückt haben – auch wenn es dieses natürlich selbst ausgewählt hat …

Es wird also harter Arbeit und noch härterer Geduldsübungen bedürfen, um einen zumindest mäßigen Erfolg herbeizuführen. Dabei dürfen Sie sich von kurzzeitigen Tränenergüssen möglichst nicht abschrecken lassen, schließlich wurde der kleine Ludwig van Beethoven regelmäßig von seinem betrunkenen Vater des Nachts aus dem Bett ans Klavier geprügelt. Nicht, dass Sie so weit gehen müssen, aber ein wenig Leid und eine Menge Demut gehören leider dazu. Dafür ist das Ergebnis dann oft überwältigend – und zwar in erster Linie für Ihr Kind, nicht unbedingt für Sie!

Aber es geht bei der Sache ja auch gar nicht um Sie, sondern um das Wohl oder, genauer gesagt, um die Entwicklung Ihres Kindes – obgleich es für Sie die Krönung Ihrer Bemühungen sein dürfte, wenn Sie eines Tages gemeinsam mit Ihrem Kind musizieren können, sei es vierhändig am Klavier oder im Zusammenspiel zweier Instrumente. Ob aus dieser wertvollen Freizeitbeschäftigung einmal ein Beruf werden kann, das dürfen Sie getrost Ihrem Dann-nicht-mehr-Kind überlassen. Doch das ist zunächst nebensächlich. Ein Instrument zu erlernen bedeutet, sich auf ein Ziel zu konzentrieren, ganz bei sich zu sein und den Fortschritt zu genießen, den Ihr Kind, sofern es nicht komplett talentfrei ist, ziemlich bald verspüren wird. Ein Instrument zu erlernen oder irgendwann vielleicht gar zu beherrschen stellt ein Erfolgserlebnis dar, für das Ihnen Ihr Kind bis ans Ende seines Lebens dankbar sein wird! Wie oft hat man den von Freunden gegenüber den eigenen Eltern geäußerten Vorwurf gehört: «Warum hast du mich damals nicht mehr getreten?»

Nicht zuletzt ist das Instrument ein hilfreicher Gesprächspartner in Zeiten des Umbruchs oder der Einsamkeit, es fördert die Kreativität und führt in nicht wenigen Fällen zu emotionalen Höhepunkten. Dabei sollten Sie vor allem die Kreativität, die dadurch freigesetzt wird, nicht unterschätzen, denn ihr Wirkungsbereich erstreckt sich weit über das Instrument hinaus. Hinzu kommt der Faktor Disziplin, dessen es bedarf, ein Instrument mehr oder weniger ernsthaft zu spielen. Man muss dabeibleiben, Rückschläge einstecken, weitermachen, nicht aufgeben. Wie beim Sport. Alles Erfahrungen, die einem das Leben ohnehin kaum erübrigen wird, und um wie viel besser lässt sich all das an einem Instrument üben und erlernen.

Streng genommen handelt es sich also um nichts anderes als um eine Laborerfahrung, die einem in der freien Wildbahn zunutze sein wird. Insofern können Sie das Ganze ruhig auch lebensökonomisch betrachten, bei aller aufzubringenden Geduld.

35. Zivilen Ungehorsam üben

Kinder wissen intuitiv, was ziviler Ungehorsam ist. Etwa, wenn sie beim Anziehen der Winterklamotten so lange herumtrödeln, bis es definitiv zu spät und zu dunkel für eine Schneewanderung ist. Dass Verweigerung eine Form der politischen Demonstration sein kann, mit der man nicht nur langweilige Familiennachmittage oder blöde Ausflüge, sondern auch blöde Institutionen und langweilige Regierungen torpedieren kann, ist eine Erfahrung, die Ihr Kind unbedingt machen sollte. Sie können lediglich dann von diesem Lehrstück absehen, wenn Ihr Kind sowieso gesellschaftlich engagiert ist und jedes Wochenende Unterschriften gegen Tierversuche, für ein weltweites Walfangverbot oder gegen die Rodung des Regenwaldes sammelt.

Ziviler Ungehorsam setzt, anders als etwa eine angemeldete Demonstration, einen kalkulierten Regelverstoß voraus, wobei auf eine milde Strafe sowie auf eine größere Protestwirkung gesetzt wird. Konkret: Sich an einen Atomtransport zu ketten ist wirksamer, als trommelnd und trötend durch die Straßen zu ziehen. Sollte Ihr Kind Ihnen das nicht glauben, zeigen Sie ihm ruhig einige alte Aufnahmen von Gewerkschaftlern, die sich trommelnd und trötend in die politische Bedeutungslosigkeit demonstrieren.

Ziviler Ungehorsam hat was mit Zivilcourage zu tun. So wie Ihr Kind im Kindesalter sinnvolle Aktionen (etwa gesundheitsfördernde Schneewanderungen) boykottiert, ist es später als Erwachsener in der Gefahr, sinnlose Aktionen (etwa die Einführung einer EU-Norm für Tafelbirnen) als systemische Notwendigkeit abzunicken. Es gilt also, den zivilen Ungehorsam auf jene Dinge zu lenken, die es verdienen, boykottiert zu werden. Leider gehören dazu die meisten Gesetze und Verordnungen, weshalb zudem ein pragmatischer Umgang mit dem zivilen Ungehorsam nötig ist. Faustformel: Wer sich gegen alles und jeden auflehnt, erreicht weniger als jemand, der seine Möglichkeiten klug einsetzt.

Fein raus sind Sie als Eltern, wenn es historische Belege dafür gibt, dass Sie schon mal an irgendeinem NATO-Zaun gerüttelt haben und deshalb für ein paar Stunden eingesperrt worden sind. Ist das nicht der Fall, steht Ihnen nun ein besonderes Abenteuer bevor. Zuerst müssen Sie sich ein Thema suchen, für das Sie eine Nacht auf einer Polizeiwache verbringen würden, dann müssen Sie ebendies mit einer witzigen und halbwegs öffentlichkeitswirksamen Aktion provozieren.

Ihr Ziel erreicht und ein klares Zeichen für Zivilcourage gesetzt haben Sie dann, wenn Sie Freunde Ihres Kindes sagen hören: «Sag mal, sind das eigentlich wirklich deine Eltern auf Youtube?»

Es könnte nun allerdings sein, dass Sie für cool genug erachtet werden, an den politischen Aktivitäten Ihres Kindes teilzunehmen. Überlegen Sie sich daher gut, ob Sie an dieser Stelle nicht innerfamiliären zivilen Ungehorsam an den Tag legen wollen. Es gibt zwar einige wenige Gelegenheiten, zu denen es angebracht sein kann, bei Protestveranstaltungen in Familienstärke aufzulaufen. Grundsätzlich sollte aber jede Generation sich ihre eigenen Feindbilder suchen. Wenn Sie Ihre Kinder wieder auf Distanz bringen möchten, dann lassen Sie einfach den saturierten Mittelstandsbürger raushängen. Was interessieren Sie die Minenarbeiter in Bolivien? Oder die Fangquoten im Atlantik? Und wenn ein Drittel aller Tier- und Pflanzenarten weltweit vom Aussterben bedroht ist, ja dann müssen die eben besser auf sich aufpassen!

Sollte Ihrem Kind jetzt die Kinnlade runtergefallen sein, dann bedenken Sie, dass Sie als Eltern ein Recht darauf haben, von Zeit zu Zeit Feindbild Nummer eins zu sein. Das hat außerdem den Vorteil, dass Sie sich nicht bei Wind und Wetter die Beine in den Bauch stehen müssen, um irgendwelche Schalentiere vor dem Aussterben zu bewahren.

36. Einen Tag auf dem Flohmarkt verbringen

Der «Floh» kommt aus Paris, werden Sie Ihrem Kind sagen, wenn Sie zum ersten Mal gemeinsam auf einem Trödelmarkt sind – denn es wird bestimmt nachfragen. Aber was haben abgegriffene Teddybären und angelaufenes Silber nur mit Flöhen gemein? Die vorherrschende Meinung besagt, dass die Wortschöpfung aus dem Französischen stamme. Bei unseren Nachbarn auf der anderen Seite des Rheins heißen die Second-Hand-Märkte *marché aux puces* – was übersetzt nichts anderes bedeutet als Flohmarkt. Schon im Mittelalter war es in Paris üblich, dass Lumpenhändler die abgetragenen Kleider der Reichen aufkauften und mit diesen Handel trieben. Da es um die hygienischen Bedingungen damals eher schlecht bestellt war, kam es nicht selten vor, dass sich Flöhe in der abgelegten Garderobe befanden …

Von Flöhen ist heute zwar nur noch selten die Rede, dafür hat dieser Ort aber kaum etwas von der Magie vergangener Tage eingebüßt. Wie auf dem mittelalterlichen Wochenmarkt kommt es hier zu einem direkten Austausch zwischen Händler und Käufer. Die Ware kann unmittelbar begutachtet werden, und beim Feilschen bestimmt das älteste Marktprinzip der Welt den Preis: Angebot und Nachfrage. Dabei erlebt Ihr Kind ganz praktisch die Mechanismen von Handel und Tausch und merkt, wie viel ein Spielzeug für andere noch wert sein kann, nachdem man selbst schon damit gespielt hat.

Ein kleiner Tipp: Je unverkäuflicher der Gegenstand ist, den man loswerden will, desto spektakulärer sollte die begleitende Story sein, da Menschen, die auf Flohmärkte gehen, nicht nur Warensammler, sondern oft auch Geschichtensammler sind – und die können ruhig auch mal phantasiereich ausgeschmückt werden. So wird es sich ganz sicher als verkaufsfördernd erweisen, das bestickte Taschentuch dem Urgroßvater zuzuschreiben, der sich schon im U-Boot-Einsatz vor der britischen Küste damit den Schweiß von der Stirn getupft hat.

Gemeinsam mit Ihrem Kind sitzen Sie dann also seit fünf Uhr dreißig auf karierten Decken, essen Bratwurst und verscherbeln seinen Ballast auf dem Weg zum Erwachsenwerden. Natürlich auch Ihre Altlasten. Beim gemeinsamen Ausmisten vor dem Flohmarkt haben Sie in Ihrem Innersten geforscht und sind in Erinnerungen geschwelgt. Wieso habe ich jemals diesen spießigen Schirmständer gekauft? Warum hat meine Urgroßtante diesen Hut nie getragen? Weg damit. Mit anderen Dingen wie dem heißgeliebten Frühstücksbrettchen mit dem eingestanzten Konterfei von Ernie & Bert sieht es da oft anders aus: hiergeblieben.

Was einen Tag auf dem Flohmarkt neben dem Geldverdienen so interessant macht, sind die Menschen, denen man dort begegnet. Vielen läuft man sonst nicht über den Weg, oder man übersieht sich gegenseitig. Einige Typen findet man immer wieder auf Flohmärkten: Sammlerfreaks, die sowieso schon dreihundertvierundfünfzig Schnapsgläser in der Vitrine haben, aber einfach nicht widerstehen können, das dreihundertfünfundfünfzigste zu kaufen, Schnäppchenjäger, die allen erdenklichen Nippes wie Porzellanelefanten lediglich aus einem Grund kaufen: weil sie billig sind, das Model, das sich vor Begeisterung die Mähne zerzaust, weil ein Kleid so *vintage* aussieht und ein absolutes *must-have* für den eigenen Kleiderschrank ist.

Und dann sind da noch die Verkäufer selbst: alleinerziehende Mütter, die dort stehen, weil sie das Geld dringend brauchen, mit Goldketten behängte Männer, die neue Importware aus der Türkei verkaufen, und die Profis, die den Flohmarkt zum Hobby erhoben haben. Zu gucken gibt es reichlich, und der Gesprächsstoff geht Ihnen beiden sicher nicht aus, auch wenn sich gerade mal keine Traube vor dem eigenen Stand bildet.

Auf einem Flohmarkt begeben Sie sich in vergangene Zeiten und an fremde Orte. Wenn Sie und Ihr Kind nach einem langen Tag wieder zu Hause sind, haben Sie hoffentlich nicht nur ein bisschen Geld in der Tasche, sondern auch das Gefühl, durch ein Panoptikum gereist zu sein. Und das, obwohl die Geschichten, die Sie gehört haben, ganz sicher nicht alle stimmen.

37. Gemeinsam ein Buch lesen

Wenn Sie Ihr Kind ans Bücherlesen heranführen möchten, dann schauen Sie sich zur strategischen Vorbereitung ruhig einige Fernsehserien an. Das mag jetzt seltsam klingen, hat aber durchaus einen Sinn. In Serien wird nämlich mit sogenannten «Cliffhangern» gearbeitet. Das sind Momente in einer Geschichte, an denen der Zuschauer unbedingt wissen will, wie es weitergeht. Damit der Fernsehzuschauer auch beim nächsten Mal wieder einschaltet, lässt man just an dieser spannenden Stelle die aktuelle Folge – vorläufig – enden.

Diese Strategie ist vor allem dann höchst wirksam, wenn es um Literatur geht (dort wurde der Cliffhanger übrigens erfunden. Beim ersten Cliffhanger, der je in einem Fortsetzungsroman erschien, handelte es sich nämlich wortwörtlich um einen Mann, der über einem Abgrund baumelte). Überlegen Sie zunächst genau, mit welchem Buch Sie Ihr Kind am ehesten fesseln können. Wenn es bereits acht, neun oder älter ist, könnten Sie zu *Der kleine Hobbit* von J. R. R. Tolkien greifen. Lesen Sie Ihrem Nachwuchs ein paar Abende daraus vor, jedes Mal ein paar Seiten. Wenn Bilbo dann sein Haus verlässt, um gezwungenermaßen das Abenteuer seines Lebens anzutreten, und Ihr Kind es abends nicht mehr erwarten kann, ins Bett zu gehen, damit Sie mit dem Vorlesen beginnen, drücken Sie ihm das Buch möglichst gelassen in die Hand.

Der Aufschrei wird markerschütternd sein, dennoch ist es ratsam, an dieser Stelle hart zu bleiben, wollen Sie sich nicht auf unzählige Vorleseabende am Bett Ihres nicht mehr ganz so kleinen Kindes einstellen. Lesen Sie um des lieben Friedens willen vielleicht noch ein paar Seiten, bis Bilbo mit seinem Wanderstock in die Welt der Hobbits eingetaucht und den ersten Gefahren ausgesetzt ist. Doch spätestens dann ist es ratsam, den Kuschelkurs zu beenden und Ihrem Kind zu vermitteln, dass es nun allein weiterlesen soll. Voraussichtlich wird der Aufstand nicht lange dauern. Spätestens wenn Sie sich anschicken, das Licht zu löschen und das Zimmer zu verlassen, wird es vor der Wahl stehen: nicht zu wissen, wie es weitergeht, oder den inneren Schweinehund zu überwinden. Die Wahrscheinlichkeit, dass Letzteres geschieht, ist enorm groß. Zur Belohnung schenken Sie Ihrem Kind danach noch ein Buch. Ein enorm spannendes, versteht sich. Und so weiter …

38. Zaubern und entzaubern

Glauben Sie an Zauberei und Hexenkunst? Die Frage ist keineswegs abwegig. Gemäß Religionsstatistik glauben mehr als die Hälfte aller Deutschen an Wunder. Die spirituellen Rahmenbedingungen sprächen also dafür, dass auch Zauberei und Magie eine nicht unbeträchtliche Anhängerschaft haben. Natürlich hängt das niemand an die große Glocke, denn im Alltag erntet man oft indignierte Blicke, wenn man sich als Anhänger der Magie zu erkennen gibt.

Aber mal Hand aufs Herz, sind manche Probleme nicht wie verhext? Haben Sie nicht auch gelegentlich das Gefühl, dunkle Mächte treiben in Politik und Wirtschaft ihr Unwesen? Hat nicht schon Goethes Faust sich der Magie verschrieben, weil er mit rationalen Mitteln nicht erklären konnte, was die Welt im Innersten zusammenhält? All diesen Dingen zum Trotz sind wir für gewöhnlich der Ansicht, dass es für die allermeisten scheinbar unerklärlichen Phänomene ganz logische Erklärungen gibt. In unserer Wissensgesellschaft ist die Zauberei daher zumeist professionellen Unterhaltungskünstlern vorbehalten. Und von denen wissen wir, dass sie mit Tricks und Täuschungen arbeiten und sich keineswegs über die Gesetze der Physik hinwegsetzen können. Was irgendwo ja auch beruhigend ist, weil wir uns auf diese Weise auf dem sicheren Boden der Tatsachen bewegen können.

Nur, was sagen wir unseren Kindern? Alles Hokuspokus? Es gibt keine Zauberei? Harry Potter ist ebenso eine Erfindung wie der Weihnachtsmann, der Osterhase, sämtliche Elfen, Feen sowie alle Märchenfiguren? Oder sollen Kinder möglichst lange daran glauben, dass die Welt auch von Mächten bewohnt wird, über deren Seinsformen und Fähigkeiten wir nur Mutmaßungen anstellen können? Also: herber Realismus oder überbordende Phantasie?

Die Trennung von Realität und Fiktion geschieht nach Ergebnissen der neueren Forschung bei Kindern intuitiv. Problematisch wird es nur dann, wenn Fiktionen sehr stark mit der Realität verknüpft werden oder diese teilweise ersetzen. In diesem Spannungsfeld darf man durchaus von Fall zu Fall Dinge entzaubern, ohne befürchten zu müssen, damit gleich die ganze Welt zu einem Ort ohne Magie zu machen. Zeigen Sie Ihrem Kind also ruhig, dass Sie in der Lage sind, eine Münze verschwinden zu lassen, und erklären sie ihm bei nächster Gelegenheit, wie Sie das anstellen. Ihr Kind wird verstehen, dass es Tricks gibt, die man durchschauen kann, wenn man hinter die Kulissen blicken darf. Trotzdem wird es dadurch nicht den Glauben daran verlieren, dass es echte Zauberei gibt. Alle Zauberkästen der Welt könnten ihm diese Überzeugung nicht nehmen. Die Magie haben wir Menschen nämlich irgendwie in den Knochen. Genau wie die Liebe und die Hoffnung.

Zurück zur Zauberei: Im Wesentlichen besteht Zauberkunst darin, die Aufmerksamkeit des Publikums gezielt zu steuern. Genau das versuchen beispielsweise auch die Werbe- und die Filmindustrie. Ein wesentlicher Teil der Konsumwelt ist auf Illusionen aufgebaut. Hübsche Verpackungen und aufwendiges Design verschleiern, dass die Waren qualitativ zu wünschen übriglassen. Das Erfolgsmodell Zauberei hilft also in vielen Lebenslagen.

Da Sie als Eltern spätestens dann massiv mit der Magie konfrontiert werden, wenn Ihr Kind Harry Potter entdeckt, sollten Sie sich frühzeitig überlegen, wie Sie das Thema behutsam in den Griff bekommen können. Überlegen Sie sich genau, ob Sie dem Thema nicht mit dem guten alten Zauberkasten frühzeitig die Brisanz nehmen sollen. Es besteht durchaus die Chance, dass sich das Thema nach einigen Zaubervorstellungen von selbst erledigt hat, während eine Harry-Potter-Euphorie Jahre dauern kann. Spätestens dann werden Sie sich wünschen, von den Todessern geholt zu werden.

39. Die Welt erklären

Gibt es Gott? Und falls ja, warum lässt er sich dann nicht ab und zu mal blicken? An diesen und ähnlichen Fragen beißen sich nicht umsonst seit Jahrtausenden die Philosophen die Zähne aus. Was ist die Welt? Woraus besteht sie? Wann ist sie entstanden, und wie funktioniert sie eigentlich?

Nicht, dass wir Ihnen das hier nun erklären wollten oder es auch nur ansatzweise könnten. Nur wird Ihnen Ihr Kind diese und weitere Fragen irgendwann stellen. Vielleicht haben Sie aber auch ein Kind, das keinerlei Interesse an metaphysischen Sachverhalten zeigt. Zumindest noch nicht. Vielleicht meldet es sich erst mit neun oder gar zwölf Jahren zu Wort. Keine Sorge, Sie müssen sich nicht schon vorher schlaumachen, was es mit dem Urknall eigentlich auf sich hat. Sie müssen auch nicht den Beweis antreten, dass Gott existiert oder dass er es auf gar keinen Fall tut. Versuchen Sie vielmehr, Ihrem Kind einen Leitfaden an die Hand zu geben, wie dieser Planet, auf dem es lebt, funktioniert. Oder wie er zumindest bisher funktioniert hat. Lesen Sie Ihrem Nachwuchs Ernst H. Gombrichs *Kurze Weltgeschichte für junge Leser* vor oder verschenken Sie das Hörbuch. Fahren Sie mit Ihrem Kind in das nächstgelegene Planetarium und wecken Sie seine Neugier. Versuchen Sie ihm nicht zuletzt die Fähigkeit zu vermitteln, sich die Antworten auf die Fragen selbst zu erarbeiten. Oder, was manchmal besser ist, die Fragen ruhig unbeantwortet zu lassen.

Brechen Sie dabei möglichst das Große auf das Kleine herunter: Wie funktioniert eigentlich das tägliche Leben unter so vielen Menschen? Wie kann es sein, dass das Licht angeht, wenn ich auf einen bestimmten Schalter drücke? Oder: Warum gibt es immer fließend Wasser, Kakao und Milch jeden Morgen? Es existieren unzählige Va-

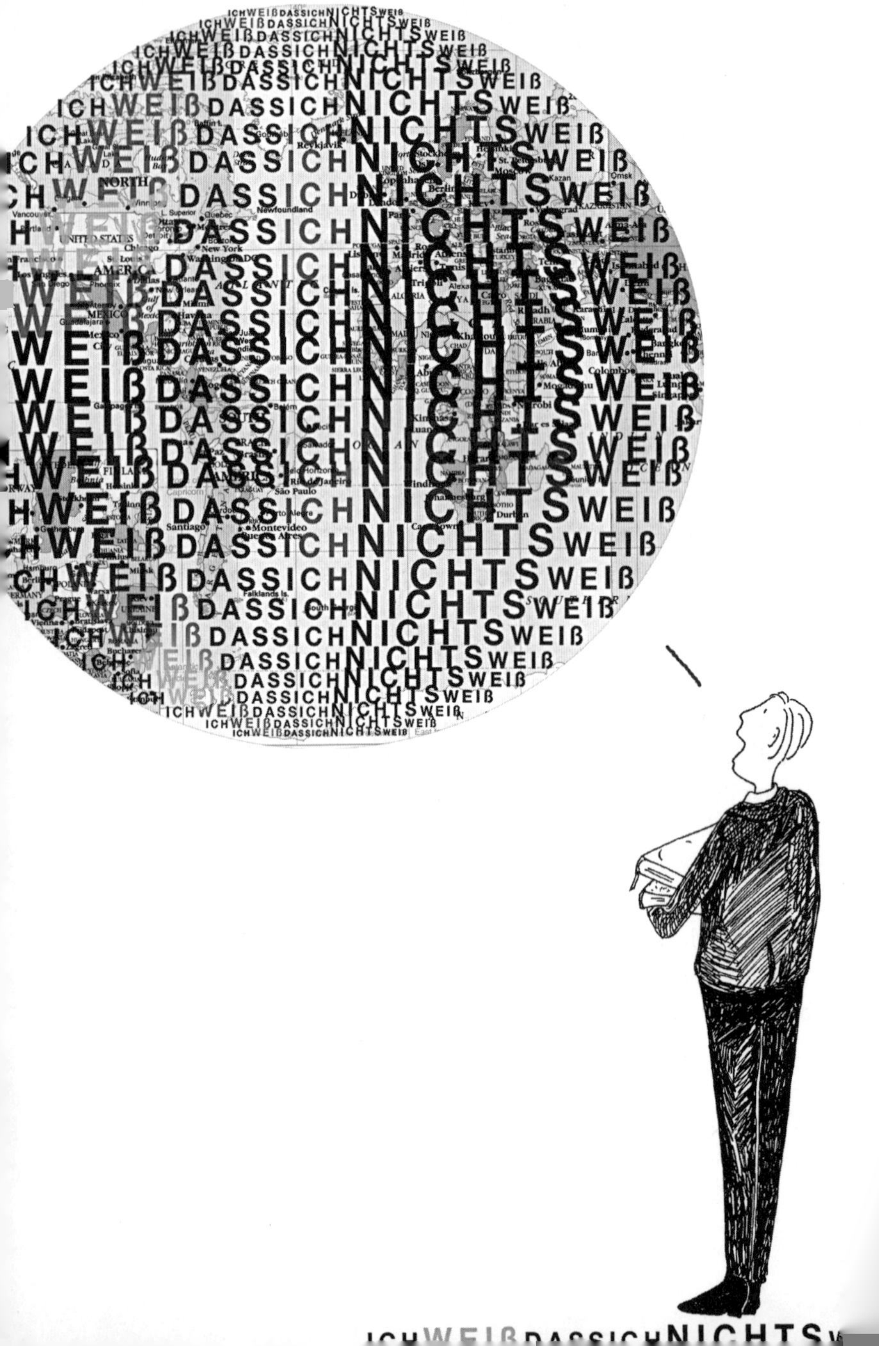
ICHWEIßDASSICHNICHTSWEIß

rianten, mit denen Sie Ihrem Kind auf möglichst grundlegende und einfache Art und Weise darlegen können, wie die Welt, in der es lebt, eigentlich funktioniert. Wieso das alles nicht selbstverständlich ist und nicht aus dem Nichts kommt. Warum gibt es Kriege? Warum Kranke und Arme? Warum sind nicht alle Menschen glücklich?

Füttern Sie Ihr Kind, geben Sie ihm Lesestoff, sinnvolle Filme oder Hörspiele, die Sie sich gemeinsam anschauen oder anhören. Ihr Kind wird sehr bald zu dem Schluss kommen, dass es auf diese Fragen keine letztgültige Antwort gibt oder geben kann. Am wichtigsten ist, dass es mit der Unbeantwortbarkeit dieser Fragen umzugehen lernt. Genau wie Sie viele Jahre vor ihm vermutlich auch. Und das wahrscheinlich bis an Ihr Lebensende.

Tröstlich, wenn man älter wird, ist übrigens die Erkenntnis, dass man zumindest der Frage, ob es Gott gibt, unweigerlich näher kommt. Aber das müssen Sie Ihrem Kind ja nicht auf die Nase binden. Noch nicht.

40. Vergangenes lebendig werden lassen

Wie lässt sich Geschichte zum Leben erwecken? Zugegebenermaßen kein leichtes Unterfangen, aber auch nicht unmöglich. In den USA haben Museen Tradition, die ihre Besucher zum Greifen nah an die Vergangenheit heranführen. Dabei werden historische Ereignisse nachgespielt oder auf vielfältige Weise multimedial aufbereitet. Man mag das für Effekthascherei halten, doch immerhin ist es publikumswirksam. Besser wäre allerdings, wenn Sie Ihrem Kind mittels Phantasie auf die Sprünge helfen könnten.

Nehmen wir nur mal die Dinosaurier. Von Vorteil ist es natürlich, wenn es in Ihrer Nähe eine entsprechende Dauerausstellung gibt, wie beispielsweise im Naturkundemuseum der Humboldt-Universität in Berlin. Dort kann man sich nicht nur mit eigenen Augen davon überzeugen, wie unfassbar groß manche diese Viecher waren, sondern bekommt obendrein Informationen in Hülle und Fülle geliefert. Nur lassen Sie Ihr Kind nicht mit den Informationen allein, denn für sich helfen diese nur selten, etwas Vergangenes zum Leben zu erwecken. Einhergehen sollte das immer mit der Anregung der Phantasie, damit fremde Welten vorstellbar werden.

Gehen Sie dabei Schritt für Schritt vor und zeigen Sie Ihrem Kind, was es bedeutet, dass Farne mehrere Meter hoch waren und Bäume von heute kaum mehr nachvollziehbarer Höhe existierten, als die Dinosaurier diesen Planeten noch besiedelten. Erklären Sie ihm ruhig auch, woher das Wort stammt, nämlich von dem griechischen *deinos*, was so viel wie «schrecklich», «gewaltig» bedeutet und dem Wort «Saurier», das man mit Echse übersetzen kann. Das verdeutlicht ganz gut, wie man sich diese Tiere vorstellen muss. Gruselt es Ihnen und Ihrem Kind schon ein bisschen, angesichts der zähnefletschenden Raubtiere? Sehr gut, dann läuft Ihre Phantasie langsam auf Betriebstemperatur. Jetzt können Sie ein Stück weitergehen und sich ausmalen, wie es wohl gewesen wäre, damals für ein paar Stunden auf diesem Planeten zu verbringen. Wahrscheinlich ziemlich gefährlich.

Es ist jedenfalls nicht notwendig, dass einem schon mal Dinos um die Ohren geschwirrt sind, um sie halbwegs greifbar zu machen. Diesen Effekt kann man heutzutage problemlos mit moderner Technik, etwa in einem 3-D-Kino, herstellen. Fragt sich nur, ob unsere Phantasie dem Original nicht manchmal deutlich näher kommt.

Ziehen Sie also los, wecken Sie das Interesse Ihres Kindes und tauchen Sie mit ihm in vergangene Welten ein. Sie und Ihr Nachwuchs werden das garantiert nicht so schnell vergessen, und zwar auch ohne *Jurassic Park* gesehen zu haben. Den Film können Sie anschließend ja immer noch ausleihen.

41. Etwas bauen, das fliegt

Die moderne Luftfahrt ist ungefähr so alt wie das Automobil. Etwas mehr als hundert Jahre haben diese beiden Erfindungen gebraucht, um das Antlitz der Erde grundlegend zu verändern. Spätestens mit dem Aufkommen der «Billigflieger» sind Flugreisen ebenso ein Massenphänomen geworden wie automobile Wochenendtrips. Wer sich für seine Reiseerlebnisse nicht einmal vom Fleck bewegen will, der kann im Internet praktisch jeden Winkel der Welt via Satellit erkunden oder mittels Flugsimulatoren virtuell ansteuern. Seit etwa Mitte der achtziger Jahre gibt es Computerprogramme, die es dem interessierten Laien ermöglichen, den virtuellen Luftraum mit Kampfflugzeugen, Jumbojets oder gar historischen Fluggeräten unsicher zu machen. Letzteres ist zumindest insofern erfreulich, als Kinder nun nicht mehr auf die Idee kommen müssen, sich mit selbstgebauten Fluggeräten von Bergkuppen zu stürzen.

Während die Pioniere des einundzwanzigsten Jahrhunderts inzwischen den Mond als Ziel touristischer Aktivitäten anvisieren, verliert die konventionelle Luftfahrt mehr und mehr von ihrem einstigen Zauber. Nachdem die Menschheit Jahrtausende vom Fliegen träumte, brauchte es kein Jahrhundert, um die Frage aufzuwerfen, was eigentlich faszinierend daran sein soll, in einem viel zu engen Sitz in der Holzklasse hoch über den Wolken zu hocken.

Wenn man virtuell selbst Pilot spielen kann und das reale Fliegen sowieso nur den Reiz einer Busreise hat, werden Sie sich nun fragen, warum soll man dann überhaupt seine Zeit damit verplempern, ein Fluggerät zu bauen?

Wesentlich aus zwei Gründen: Zum einen geht es darum, im Kleinen zu erahnen, dass die Fliegerei im Großen eine ziemlich interessante und imposante Angelegenheit ist. Zum anderen bedeutet der Bau eines Fluggerätes (selbst eines Modells) für gewöhnlich viel Arbeit, bei der man sich obendrein keinen Fehler erlauben darf. Sonst fliegt das Modell nämlich entweder gar nicht oder nur sehr kurz. Die Erfahrung für Ihr Kind, dass man im Leben oft viel Zeit und Akribie darauf verwendet, um eine einzige Chance zu bekommen, ist zudem nicht schlecht.

Sollten Sie nun lieber ein eigenes Fluggerät konstruieren oder einen Bausatz wählen?

Da die physikalischen Regeln des Fliegens äußerst kompliziert sind und vom Drachen bis zum ferngesteuerten Motorflugzeug (für das sich die Väter oft mehr begeistern als ihre Kinder) so ziemlich alles auf dem Markt erhältlich ist, birgt ein Bausatz größere Chancen auf Erfolg. Die Puristen unter Ihnen sollen sich nicht davon abhalten lassen, Flugversuche mit eigenen Konstruktionen zu unternehmen, allerdings dürfen Sie die Crashs dann nicht auf die Thermik oder das Material schieben.

Fluggeräte können auf vier verschiedene Arten fliegen: hoch, weit, schnell und schön. Selbstredend sind diverse Kombinationen möglich. Ein gelungener Flug sollte unter anderem «schön» sein, wenn kleinere Kinder beteiligt sind, und «schnell», wenn Sie größere Kinder bei sich haben. Letztere interessieren sich nämlich eher weniger für einen historisch korrekten Nachbau des Ballons der Brüder Montgolfier, während kleinere Kinder umherdonnernde Miniaturjets eher beängstigend als beeindruckend finden.

Als Kompromiss bieten sich Segelflugzeug- oder Zeppelinmodelle an, die der Erfahrung nach Kinder mehrerer Altersklassen als interessant empfinden. Außerdem gibt es davon Bausätze für praktisch jeden Geldbeutel. Sie können sich also bereits beim Konstruieren ganz der Vorfreude hingeben. Übrigens ist der Papierflieger ein gutes Mittel, um die Begeisterung Ihres Kindes für Fluggeräte zu testen. Im nächsten Schritt können Sie es dann mit Fliegern aus Plastik oder Pappe für ein paar Cent bis wenige Euro versuchen.

Ein ebenso preiswerter wie klassischer Einstieg in die Hobby-Fliegerei ist der Drache, den Sie aber nur bei guten Windverhältnissen (also idealerweise am Meer) einsetzen sollten, und zwar allein um die Nerven aller Beteiligten zu schonen. Ein kleiner Drache reicht übrigens völlig. Ihr Kind hat nämlich nichts davon, wenn Sie von einem überdimensionalen Lenkdrachen aufs offene Meer hinausgezerrt werden.

Denken Sie bitte immer daran, dass es in erster Linie um die Begeisterung Ihres Kindes fürs Fliegen und nicht primär um Ihr eigenes Vergnügen geht. Sollten Sie also irgendwann frühmorgens auf einer Wiese stehen, um einen überdimensionalen Nachbau des Space-Shuttles für den Jungfernflug vorzubereiten, und plötzlich feststellen, dass Ihr Kind es vorgezogen hat, im Bett zu bleiben, dann ist offenbar die Begeisterung mit Ihnen durchgegangen.

42. Freudvoll scheitern

Als zeitgemäße Eltern sollen und wollen wir mindestens ein halbes Dutzend Rollen gleichzeitig ausfüllen. Wir möchten aktiv und vor allem souverän unsere Kinder erziehen, außerdem auf alle Fragen eine Antwort und für jeden Konflikt eine Lösung parat haben. Nebenbei wollen wir Karriere machen oder doch zumindest beruflich eine gute Figur abgeben, und wo wir gerade beim Thema Figur sind: Gut aussehen wollen wir selbstredend auch noch, und damit ist jetzt nicht nur das modische Outfit gemeint. Sportlichkeit, Fitness, Sexappeal sind selbstverständlich, wir sind tagesaktuell über jedes gesellschaftlich relevante Thema informiert und tragen stets ein Lächeln auf den Lippen. Das ist durchaus löblich, und solange wir damit keinen größeren Schaden anrichten und sich das Ganze nicht zu einem Wettbewerb verselbständigt – warum nicht? Nur finden wir manchmal aus unseren eigenen Ansprüchen allzu schwer wieder heraus.

Ein Beispiel: Sie haben die ganze Woche hart gearbeitet, Ihr Kind trotzdem immer pünktlich vom Hort abgeholt, nicht jeden Abend bloß Nudeln mit Fertigsauce gekocht und ihm vor dem Einschlafen noch zwei Kapitel aus *Jim Knopf* vorgelesen – und somit allen Grund, das Wochenende ruhig angehen zu lassen, um eine Partie Mensch ärgere Dich nicht zu spielen, die Beine hochzulegen oder einen Drachen steigen zu lassen. Vielleicht haben Sie die Woche über auch zu wenig Zeit für Ihr Kind gehabt, und Ihr schlechtes Gewissen drängt sie zu Kompensationsmaßnahmen. Wie auch immer: Ihr Kind wünscht sich seit Wochen, ach was, seit Monaten, einen ganz bestimmten Stifthalter, und als es heute zum hundertsten Mal danach fragt, da legt sich auf einmal dieser Ich-kann-es-besser-Schalter um, und Sie sagen nicht: «Los, wir kaufen dir jetzt endlich dieses Ding», sondern Sie sagen: «Weißt du was, wir bauen einen.» Bevor Ihr Kind auch nur die Gelegenheit hat, einen Einwand zu äußern, versichern Sie: «Der wird viel schöner als dieses Plastikding, das du unbedingt haben willst!»

Als Nächstes – später werden Sie es kaum fassen können – opfern Sie Ihr gesamtes kostbares Wochenende, um aus den bei der letzten Renovierung übrig gebliebenen Fußleisten einen Stifthalter zusammenzusägen, -leimen und -lackieren, während Ihr Kind sich zu Tode langweilt und immer wieder ängstlich das Gesicht verzieht. Am Ende ist er fertig, der Stifthalter, und Ihr Kind sieht Sie mit diesem wahnsinnig mitfühlenden Blick an, der bedeutet: Ich würde dich ja so gerne belügen und dir sagen, wie toll ich diesen idiotischen Stifthalter finde, aber Tatsache ist: Dieses Monstrum wäre selbst als Fressnapf eine Zumutung für jeden Hund.

Sie betrachten also dieses Kleinod der Handwerkskunst, mustern es kritisch und stellen fest: Ihr Kind hat recht. Der Stifthalter ist scheußlich. An diesem Punkt sollten Sie sich gestatten, auch einmal an Ihren eigenen Ansprüchen zu scheitern. Gehen Sie also in den Keller, holen die Axt, zertrümmern Sie gemeinsam mit Ihrem Kind den Stifthalter und ziehen Sie los, um ihm das Plastikding zu kaufen, das es sich seit Wochen gewünscht hat.

Sich selbst kaufen Sie danach ein Eis, zur Belohnung.

43. Lehrern die Stirn bieten

Nicht alle Eltern haben das Glück, dass ihr Kind die Schule ohne Reibungsverluste absolviert. Nicht selten müssen wir uns bereits in der Grundschule über Lehrpläne, Lehrer oder andere Eltern maßlos aufregen. Man muss nicht gleich wie so manche ein ganzes Buch über den Lehrerhass schreiben, Auseinandersetzungen mit pädagogischem Fachpersonal drohen schließlich jedem irgendwann einmal. Dabei steht immer die Frage im Raum, wer nun im Recht ist, das eigene Kind oder der vermeintlich oder tatsächlich böse Lehrer.

Bevor Sie Position beziehen und Partei ergreifen, kann es daher nicht schaden, sich zu vergewissern, wie es um die tatsächliche Lage bestellt ist. Sollten Sie nach sorgfältiger Abwägung zu dem Schluss kommen, dass einer von diesen Superpädagogen es auf das leibliche Wohl Ihres Kindes abgesehen hat, so können Sie die Verteidigung Ihres Nachwuchses gezielt planen. Diese sollte möglichst so aussehen, dass der Lehrer anschließend zwar seinen Kurs ändert, gleichzeitig aber daran gehindert wird, seine persönliche Abneigung Ihnen gegenüber an Ihrem Kind abzureagieren. Das bedeutet nicht weniger als eine ständige Gratwanderung, die wohlausgefeilt sein will.

Bevor Sie jedoch aktiv werden, ist es ratsam, Ihrem Kind zu vermitteln, dass es sich jenem Lehrer gegenüber in Zukunft korrekt zu verhalten hat. Schließlich wollen Sie nicht in die Speerspitze der triftigen Gegenargumente rennen, wenn Sie wutentbrannt in die Schule stürmen, um dem Pädagogen Bescheid zu stoßen. Sollten Sie oder Ihr Kind dieses Stadium erreicht haben, geht's los. Dabei ist es unbedingt von Vorteil, wenn Sie sich vorher möglichst genau überlegen, wie Sie Ihrem Gegenüber möglichst schnell den Wind aus den Segeln nehmen. Von Argumenten wie «Das sieht man Ihnen doch an» ist dringend abzuraten, der Schuss wird bei jedem nicht ganz auf den Mund gefallenen Lehrer verständlicherweise nach hinten losgehen.

Am wirksamsten dürfte es sein, wenn Sie die Lehrkraft gezielt auf Verhaltensfehler oder ungerechte Entscheidungen ansprechen und nach den Gründen für selbige fragen. Bei guter Vorbereitung ist das Gegenüber dann in aller Regel sehr schnell in der Defensive, und wenn Sie es erst einmal dort haben, kann es richtig losgehen. Jetzt können Sie schamlos an sein Gewissen appellieren, an seine Aufgabe als Lehrer und Pädagoge und keine Gelegenheit auslassen, aufzuzeigen, warum sich sein Verhalten gegenüber Ihrem Kind unweigerlich und unmittelbar ändern muss. Versichern Sie ihm im selben Atemzug, dass Ihr Kind zu Hause bei schwerwiegendem Fehlverhalten stets zur Verantwortung gezogen wird. Kehren Sie ruhig den Strengen heraus, das führt im Zweifelsfall dazu, dass der Lehrer auf einmal Mitleid mit Ihrem Kind empfindet und es in Zukunft sanfter anfassen und vielleicht auch mal ein Auge zudrücken wird.

Dabei empfiehlt es sich allerdings, nicht aus den Augen zu verlieren, der Lehrkraft deutlich zu machen, dass Sie die Angelegenheit genau verfolgen und im Falle eines weiter gehenden unbefriedigenden Verlaufes erneut bei ihr vorstellig werden. Wenn der Lehrer das begriffen hat, wird er sich hüten, Ihrem Kind weiterhin Probleme zu bereiten. Im Gegenteil, er wird eher auf Kooperation, denn auf Konfrontation setzen. In aller Regel behandeln Lehrer nur jene Schüler ungerecht, bei denen sie keine Gegenwehr fürchten, sei es seitens des Schülers oder der Eltern. Generell sollte für Sie jedoch die Maxime gelten: im Zweifel für das eigene Kind. Alles andere wäre pädagogisch (und nicht nur das) betrachtet ein Offenbarungseid in Sachen Vertrauen und Rückhalt!

44. Grenzen respektieren

Kaum ein Begriff hat die öffentliche Erziehungsdiskussion der letzten Jahre so beherrscht wie das Thema Grenzen. Fast ist man geneigt zu glauben, Grenzen seien für die Erziehung das, was für das Auto der Zündschlüssel ist: ohne geht gar nichts. Grenzen müssen gesetzt, gezogen, aufgezeigt, kommuniziert und vor allem vehement verteidigt werden. Eltern scheinen sich neuerdings in einem permanenten Belagerungszustand zu befinden. Nichts versetzt uns in größere Panik als die Angst, unser Kind könnte die von uns definierten Grenzen übertreten.

In der aktuellen Debatte meint Grenzensetzen oft nichts anderes als: Mein Kind soll meine Autorität anerkennen und tun, was ich ihm sage. Kann man fordern, hat aber wenig mit Gegenseitigkeit zu tun. Vielmehr klingt es so, als seien besagte Grenzen in Stein gemeißelt und müssten von unseren Kinder gebüffelt werden wie Englischvokabeln. Wenn das Konzept aufgeht, steht am Ende ein Kind, das nach der Pfeife seiner Eltern tanzt. Mit Grenzen respektieren hat das freilich wenig zu tun. Dafür wäre nämlich ein Dialog notwendig. Nur weil jemand Vokabeln büffelt, beherrscht er nämlich noch lange nicht die Sprache.

Denken wir einen Moment über Grenzen nach. Was ist das überhaupt, und welche Funktion haben sie? Jesper Juul, Autor von *Das kompetente Kind,* beschreibt sie als Regulatoren menschlicher Beziehungen. Mit ihrer Hilfe gestalten wir also menschliches Miteinander. Da Kindern diese Regulatoren nicht in die Wiege gelegt sind, müssen sie zunächst einmal begreifen, dass es Grenzen überhaupt gibt. Später sollen sie zwischen den eigenen und denen anderer differenzieren und schließlich einen konstruktiven Umgang damit lernen. Das wiederum setzt voraus, dass sie ihre eigenen Grenzen erkennen und kommunizieren können. Ebenso wie übrigens die Eltern, die sich ihren eigenen Grenzen stellen und sich darüber bewusst werden müssen, wo die eigentlich liegen.

Wie kann das gelingen? Ein jeder Mensch stößt täglich an Grenzen – finanzielle, räumliche, zeitliche, geistige, berufliche – und muss konstruktiv damit umgehen lernen. Grenzen akzeptieren ist also eine Grundkompetenz, die man durch Erfahrung erwirbt. Eltern sollten ihre Kinder daher darin bestärken, diese Erfahrungen zu machen. Wie sollen Kinder begreifen, wo die Grenzen sind, wenn sie nicht dagegenstoßen dürfen? Im besten Fall lernen junge Menschen Grenzen begreifen und akzeptieren, indem sie den permanenten Umgang damit üben.

An dieser Stelle fällt den Eltern eine ganz wichtige Rolle zu. Wenn Sie nämlich nicht nur der Bestimmer sein und Ihrem Kind jeden Tag aufs Neue klarmachen wollen, wer von Ihnen am längeren Hebel sitzt, sondern eine Beziehung anstreben, die von beiden Seiten funktioniert, dann wird Ihnen kaum etwas anderes übrigbleiben, als Ihr Kind ernst zu nehmen und auch dessen Grenzen zu respektieren. Das Tolle daran: Kinder, denen ein verantwortungsvoller Umgang mit Grenzen vorgelebt wird, stoßen zwar gelegentlich dagegen, lernen sie aber tatsächlich zu respektieren. Wagen Sie es ruhig, es ist einen Versuch wert. Natürlich ist es einfacher, darauf zu beharren, dass man der Bestimmer ist, aber so hat Ihr Kind die Chance, am Ende nicht nur die Vokabeln gelernt, sondern auch die Sprache verinnerlicht zu haben.

45. Die Nacht zum Tag machen

Es gibt viele gute Gründe, nicht an Schlaf zu denken. Etwa wegen einer Liebesnacht oder weil eine besonders schöne Party bis zum Morgengrauen dauert. Vielleicht auch weil man eine lange und aufregende Reise antritt und es sich nicht lohnt, zuvor noch ins Bett zu gehen. Weniger gute Gründe sind Überstunden, Beziehungsdiskussionen oder Sorgen, die einem den Schlaf rauben. Eltern sind manchmal gezwungen, die Nacht zum Tag zu machen, weil ihre Kinder mit Koliken oder den ersten Zähnen, mit grippalen Infekten oder anderen schlafraubenden Problemen zu kämpfen haben.

Gleichgültig, ob es sich um angenehme oder weniger angenehme Umstände handelt, die uns um den Schlaf bringen, sie alle haben mit dem Erwachsensein zu tun. Vielleicht sind Kinder genau deshalb so interessiert daran, abends länger wach bleiben zu dürfen. Insgeheim ahnen sie, dass die wirklich interessanten Dinge genau dann stattfinden, wenn die Kleinen schlafen gehen müssen. Womöglich müssen sich deshalb auch so viele Teenager beweisen, dass sie bald erwachsen sind, indem sie gegen den über Jahre eingeübten Rhythmus von Wachen und Schlaf rebellieren: Nachts spielt das eigentliche Leben, die Tage kann man allenfalls gebrauchen, um auszuschlafen.

Erwachsene wissen, dass die Nacht als Inbegriff von Geheimnissen und Sehnsüchten allgemein überschätzt wird. Dennoch ist eine durchwachte Nacht etwas Besonderes. Wenn die Situation günstig ist, dann spricht nichts dagegen, dass Sie Ihr Kind daran teilhaben lassen. Günstig wäre zum Beispiel ein Wochenende oder ein Urlaub. Ihr Kind sollte jedenfalls nicht nur ein gewisses Alter, sondern auch am nächsten Tag keine Schule oder sonstigen wichtigen Termine haben. Außerdem sollte der Anlass möglichst heiter sein. Nächtliche Probleme werden Ihre Kinder noch früh genug wälzen. Ihre erste gemeinsame Nacht sollte vielmehr unterhaltsam sein und vielleicht einen Hauch von Abenteuer versprühen.

Durchwachte Nächte sind meist nicht geplant, sondern ergeben sich einfach. Vielleicht wird aus einem Filmabend eine ausgewachsene Filmnacht, vielleicht aus einer kleinen Schachpartie ein stundenlanger Wettstreit. Vielleicht handelt es sich ohnehin um eine jener Nächte, in denen sowieso kaum jemand Schlaf findet. Weil es viel zu heiß ist, beispielsweise. Oder weil just in dieser Nacht Dinge von weltpolitischer Bedeutung passieren, über die nun auf allen Kanälen berichtet wird.

Jedenfalls ist irgendwann und oft ganz plötzlich jener Moment verstrichen, in dem man eigentlich hätte zu Bett gehen sollen. Alle sind trotz der vorgerückten Stunde hellwach. Was nun? Ganz einfach. Man vertreibt sich die Zeit. Man kann sich unterhalten, man kann etwas spielen, man kann fernsehen oder eine DVD anschauen. Oder man lässt schlicht die nächtliche Atmosphäre auf sich wirken, genießt die Ruhe, zählt vielleicht sogar Sterne. Wer die Nacht zum Tag macht, darf sogar ein opulentes Nachtmahl zubereiten und sich viel Zeit dafür nehmen, es zu genießen. Am Ende einer durchwachten Nacht bekommt man obendrein einen Sonnenaufgang geschenkt. Das kann besonders am Meer ein überwältigendes Ereignis sein und je nach Jahreszeit so früh stattfinden, dass man danach nicht einmal den Tag verschlafen muss. Im Urlaub reicht es meistens, am Strand die eine oder andere Siesta einzulegen.

Falls Sie Sorge haben, Ihr Kind mit einer Nachtwache zu überfordern, womöglich gar gesundheitliche Konsequenzen fürchten, seien Sie beruhigt. Kinder sind den Funktionen ihres Körpers deutlich mehr ausgeliefert als Erwachsene. Wenn Kinder müde sind, dann gibt es wenig, was sie dagegen tun können, vom Schlaf übermannt zu werden. Im Zweifelsfall endet die Nachtwache der Kleinen also in Morpheus' Armen.

Sollte dies passieren, dann verkneifen Sie sich am nächsten Morgen jegliche ironischen Kommentare. Ihr Kind ärgert sich sowieso, denn es hat nicht nur die Nacht verpasst, sondern muss obendrein einsehen, dass es für solche Abenteuer wohl noch zu klein ist.

Seien Sie also taktvoll, etwa indem Sie sagen: «Ich hab den Sonnenaufgang auch nicht mehr erlebt, ich war total müde. Aber ich fand's nett, mit dir so lange wach zu bleiben. Das können wir ja irgendwann mal wiederholen, wenn du magst.» Ihr Kind wird sich freuen. So ganz erwachsen ist es offenbar noch nicht, aber immerhin trauen Sie ihm zu, dass es eines Tages bis zum Sonnenaufgang durchhalten wird.

Möge es noch etwas dauern, werden Sie dann bestimmt denken.

46. Sich schick machen

Mode und Maskerade liegen oft nah beieinander. Je exklusiver der Anlass, desto pompöser die Garderoben. Wer bei Filmpremieren, Opernbällen oder Modeschauen auffallen möchte, muss auf dem roten Teppich nicht nur eine gute Show abliefern, sondern auch ausgefallene Mode präsentieren. Der Grat zwischen attraktiv und aufgetakelt ist allerdings so schmal, dass eine ganze Armee medialer Experten nötig ist, um die Frage zu klären, ob dieser oder jener Auftritt nun gelungen oder scheußlich war. Allein das zeigt, wie kompliziert es ist, sich schick zu machen. Das Problem wird übrigens mit fortschreitendem Alter größer. Wer beim Rendezvous oder beim Geschäftsessen in modischer Hinsicht patzt, hat schlechtere Karten als jemand, der lediglich Unfug redet.

Aber was heißt das überhaupt: sich schick machen? Landläufig könnte man sagen: der herrschenden Mode folgen. Das war früher wesentlich einfacher, als es noch eine herrschende Mode gab und eine Schickeria, die diese Mode trug. Heute kann man nur mutmaßen, was angesagt und was völlig daneben ist. Das Modediktat ist einer liberalen Kleiderordnung gewichen. Zwar gibt es immer noch, je nach Anlass, einen Dresscode, aber einerseits darf man sich Experimente erlauben, und andererseits ist die Bandbreite der Möglichkeiten heute deutlich größer als früher. Den so entstandenen Freiraum gilt es nun kreativ zu füllen.

Man kann behaupten, dass die Vorstufe aller modischen Selbstversuche das Verkleiden ist. Kinder erkennen dabei sofort, dass Kleidung etwas über den Träger aussagt: Eine Prinzessin trägt ein Prinzessinnenkleid. Umgekehrt heißt das, Mädchen mit Prinzessinnenkleidern sind Prinzessinnen. Ist doch logisch, oder?

Im zweiten Schritt stellen Kinder fest, dass der äußere Schein trügen kann. Veritable Prinzessinnen tragen gelegentlich Jogginganzüge. Dafür sind Prinzen in feinstem Zwirn in Wahrheit manchmal nichts anderes als modisch gepimpte Fitness-Lehrer. Das heißt also, man kann mit dem richtigen Styling nicht nur vorteilhafter aussehen, sondern sogar gänzlich seinen Typ verändern – zumindest laut Meinung gängiger Modezeitschriften.

Logisch, dass diese Erkenntnis gerade bei Pubertierenden große Erleichterung auslöst. Es ist gar nicht schlimm, dass man keinen blassen Schimmer davon hat, wer man eigentlich ist, weil man sich mittels Mode auch für jemand anders ausgeben kann. So jedenfalls entstehen Jugendtypen. Dagegen ist nichts einzuwenden, solange die Kleidung nicht zur Maskerade wird.

Einen spielerischen Umgang mit Modestilen kann man als Weiterentwicklung früherer Verkleidungsspiele sehen. Schwieriger wird es, wenn Kleidung die Zugehörigkeit zu einer Gruppe dokumentiert. Dann ist nicht mehr die eigene Kreativität gefragt, sondern das Zurschaustellen der Gruppe. Das kann sympathisch sein, wenn es sich um den Fanclub eines Sportvereins handelt, aber auch weniger sympathisch, wenn der Club aus politischen Wirrköpfen und Randalierern besteht. Mittels Mode werden Sie zwar nicht verhindern, dass Ihr Kind in einer zweifelhaften Organisation landet oder sich mit zweifelhaften Leuten umgibt. Sie können ihm aber durchaus ein Gespür dafür vermitteln, wie Äußerlichkeiten eingesetzt werden, um Menschen zu manipulieren.

Mode gehört eindeutig dazu, obwohl sich ihre Aufgabe darin erschöpfen könnte, das Lebensgefühl eines Menschen zu demonstrieren. Wenn Sie Ihrem Kind beibringen, sich schick zu machen, dann betonen Sie diesen individuellen Aspekt der Mode. Sich schick machen heißt nämlich nichts anderes, als Menschen daran teilhaben zu lassen, dass einem gerade festlich zumute ist. Dieses Gefühl ist ebenso individuell wie die vielfältigen Möglichkeiten, es auszudrücken.

47. Einen Sport nahebringen

Dass Kinder sich für eine gesunde Entwicklung möglichst viel bewegen sollten, ist allgemein bekannt, daher wird es hier nur deshalb erwähnt, weil durch die gesellschaftlichen Veränderungen der letzten zwanzig Jahre das Gegenteil eingetreten ist. Auf der einen Seite haben Kinder immer seltener die Möglichkeit, ihrem spontanen Spiel- und Bewegungstrieb freien Lauf zu lassen, andererseits sind die Verlockungen der Informations-, Spiel- und Spaßtechnologie derart präsent, dass immer mehr Kinder immer mehr Zeit statisch und passiv im Sitzen zubringen.

Dazu kann man stehen, wie man will, auf jeden Fall sollte man sich des Problems bewusst sein. Dass auch schon bei Kindern im Vorschulalter Körper, Seele und Geist eine Einheit bilden, belegen zahllose Untersuchungen, die einen kausalen Zusammenhang aufzeigen zwischen Bewegungsarmut und einer ganzen Reihe von nicht physischen Auffälligkeiten wie Lern-, Wahrnehmungs-, Emotions- und Verhaltensstörungen.

So, genug davon, nun zum eigentlichen Thema.

Sollte sich Ihr Kind über Jahre hinweg standhaft weigern, einen Tennisschläger zu etwas anderem zu benutzen als zum Luftgitarre spielen, und mit Fußbällen nichts anderes anfangen können, als die Felder mit Filzstift zu bemalen, deutet das möglicherweise darauf hin, dass Ihr Nachwuchs mit Sport rein gar nichts am Hut hat. Wenn dem so ist: auch gut. Dann ist das eben so. Allerdings sollte Ihr Kind das auf jeden Fall für sich herausfinden dürfen. Ihrem Kind einen Sport nahezubringen bedeutet nämlich mehr, als ihm ausreichend Bewegungsfreiräume zu geben.

Es bedeutet unter anderem, Ihrem Kind die Chance zu geben, ein Talent an sich zu entdecken. Talente sind cool. In ihnen unterscheiden wir uns von anderen Menschen und nehmen uns als besonders wahr. Außerdem hat Sport etwas mit Gemeinschaft zu tun. Haben Sie sich schon mal gefragt, was abgebrühte Profifußballer mit Millionengehältern dazu bringt, wie ein Rudel junger Hunde übereinander herzufallen, sobald einer von ihnen das Tor getroffen hat? Das Ganze nennt sich Teamgeist. Ist 'ne tolle Sache, so ein Teamgeist. Zugegeben, seit dieses Wort den Sprung in unsere Arbeitswelt geschafft und dort Karriere gemacht hat, unterliegt es einer gewissen Inflation. Doch bezogen auf den Sport meint es eine großartige Erfahrung: gemeinsam Siege und Niederlagen zu erleben, Teil von etwas zu sein, das größer ist als wir.

Noch etwas anderes ist toll: Sobald Ihr Kind erst einmal Feuer gefangen und sich für einen Sport begeistert hat, bekommen Sie als Eltern zum Dank dafür die Gelegenheit, immer wieder aufs Neue Ihre grenzenlose Aufopferungsbereitschaft unter Beweis zu stellen. Sie bringen künftig ganze Wochenenden auf verschlammten Fußballplätzen zu, waschen kiloweise Testosteron aus den Trikots hormonübersättigter Jugendlicher und resignieren angesichts der Übermacht an Surfsegeln, Rennradersatzteilen und Hockeyschlägern in Ihrem Keller. Aus Solidarität durchleiden Sie zudem Momente depressiver Niedergeschlagenheit und – was oft noch anstrengender ist – manische Siegesräusche.

Und wie danken es Ihnen Ihre Kinder? Gar nicht! Sie halten all das nämlich für selbstverständlich. Aber dieses Mal arbeitet die Zeit für Sie – was selten genug passiert. Eines nicht allzu fernen Tages nämlich werden Ihre Kinder eigene Kinder haben und Sie plötzlich in einem ganz neuen Licht sehen, einem strahlenden Licht, das Ihnen späte Gerechtigkeit widerfahren lässt und Ihren Häuptern Strahlenkränze aufsetzt. «Das haben wir doch damals gerne gemacht», sagen Sie dann, und es ist nicht einmal ganz gelogen, denn Sie haben es ja für Ihre Kinder getan.

48. Feiern

Der Volksmund sagt: «Man muss die Feste feiern, wie sie fallen.» Er sagt aber auch, dass man aufhören solle, wenn es am schönsten sei. Die Grenze zwischen ausgelassener Heiterkeit und peinlicher Selbstdarstellung ist nämlich fließend. Was bei einer aristokratischen Hochzeitszeremonie als Skandal empfunden wird, kann in kleinbürgerlichen Kreisen der fröhlich-frivole Höhepunkt des Abends sein. Im Gegenzug findet das gemeine Volk manche Vorkommnisse im Hochadel reichlich frivol.

Wie man Feste feiert, lernen Kinder zum einen durch Beobachtung der Eltern, zum anderen durch eigene Erfahrungen. Letzteres weniger durch jene Feste, zu denen sie selbst einladen, sondern durch Feierlichkeiten, zu denen sie geladen werden. Dabei entscheidet sich nämlich, was in Sachen Party momentan angesagt ist. Das kann für den Kindergeburtstag die Hüpfburg oder für die Teenagerparty eine coole Location sein. Wer nicht über eine zumindest kleine Sensation verfügt, der kann damit rechnen, ein nicht angesagtes Fest auszurichten.

Eltern bringen ihren Kindern gerne bei, dass Äußerlichkeiten und materielle Dinge eine untergeordnete Rolle spielen. Wer ein Pony, einen Zirkusclown und eine Hüpfburg benötigt, um beliebt zu sein, der hat offenbar die falschen Freunde, lautet der Umkehrschluss. Dabei läuft es in der Welt der Erwachsenen nicht anders. Feste sind gesellschaftliche Anlässe, demgemäß geht es dabei in erster Linie um Standesbewusstsein, Profilierungsmöglichkeiten und andere politische Feinheiten. Wer jedenfalls Champagner und Meeresfrüchte auffahren lässt, tut das meist nicht nur, weil er es besonders gut mit allen meint.

Bringen Sie Ihrem Kind bei, dass es solche und solche Feste gibt.

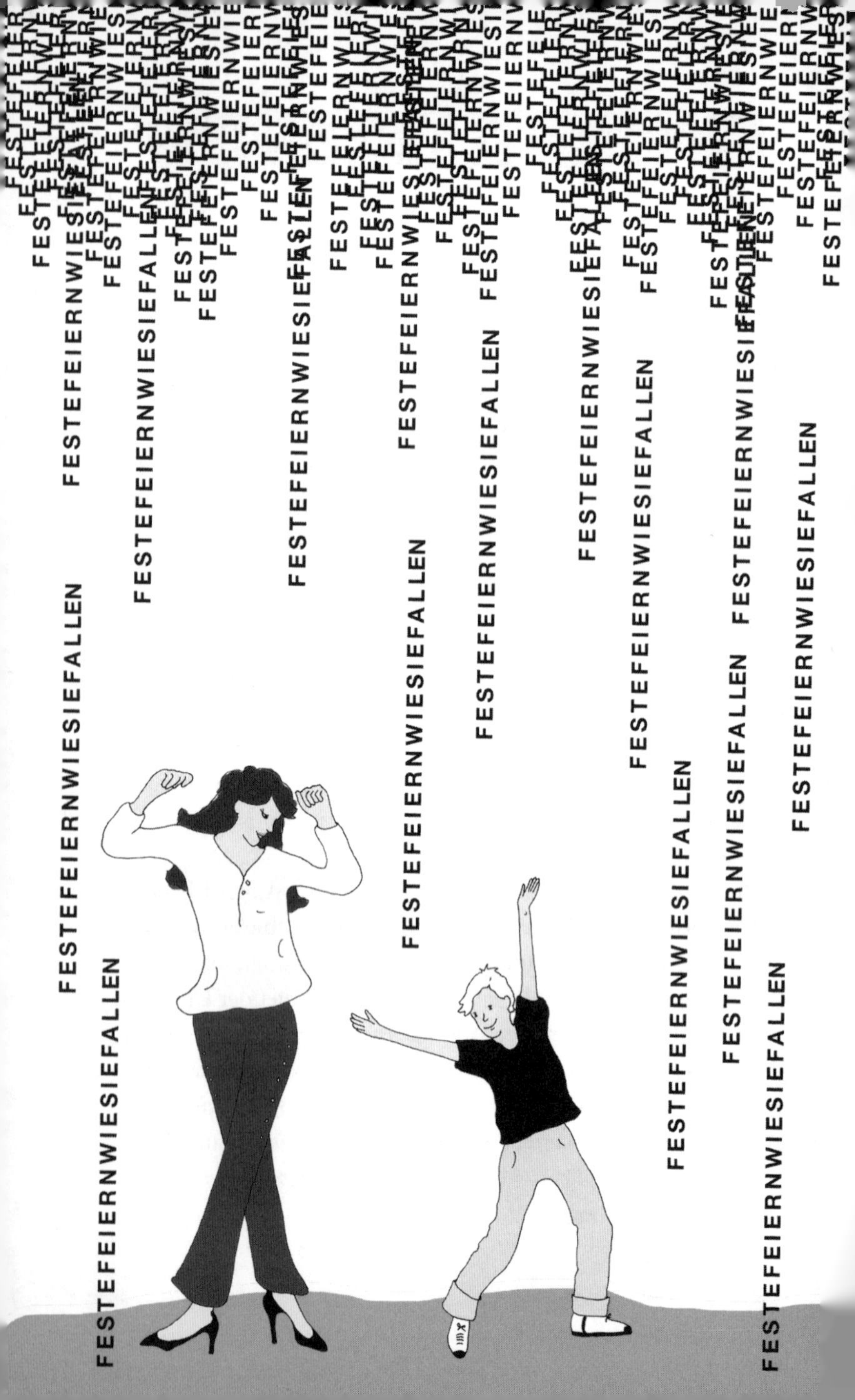
FESTEFEIERNWIESIEFALLEN

Jene, die man zur Imagepflege braucht – nicht unbedingt schon im Kindergartenalter, aber durchaus irgendwo in Richtung Pubertät –, und jene, die man zelebriert, weil man das Leben und die Menschen, mit denen man den Tag oder Abend verbringt, so sehr mag, dass man dies von Zeit zu Zeit zeigen möchte. Feste dieser Art kommen ohne großes Bohei aus. Ein einfaches Essen, ein paar Drinks und lange, anregende Gespräche sind für gewöhnlich die Hauptzutaten.

Wie hat sich Ihr Kind nun ein solches Fest für sich vorzustellen? Am wichtigsten ist, dass es nur Menschen einlädt, die es wirklich mag. Dann müssen Sie sich gemeinsam fragen, auf welche Weise Ihr Kind mit seinen Freunden Spaß haben kann. So, wie erwachsene gute Freunde und Freundinnen sich auf eine Partie Schach, einen Wellness-Nachmittag oder einen Filmabend verabreden, sollte auch das Fest Ihres Kindes ein von ihm ausgesuchtes Rahmenprogramm haben. Selbiges muss allerdings nicht bis ins Detail jede einzelne Minute bestimmen. Geben Sie Ihrem Kind das Gefühl, einem Nachmittag entgegenzusehen, der nicht durch Sensationen, sondern durch das ebenso entspannte wie fröhliche Miteinander aller Beteiligten besonders schön werden wird. Halten Sie aber auch für den Fall, dass Sie mit Ihrer Kalkulation völlig danebenliegen, ein paar Notrufnummern bereit.

Die Regel lautet: Wenn alle Stricke reißen und die Party in Langeweile zu versinken droht, müssen Sie binnen zwanzig Minuten einen Clown, ein Pony und eine Hüpfburg auftreiben können. Das soll heißen, im Zweifelsfall müssen Sie darauf vorbereitet sein, sich selbst zum Affen zu machen, um das Fest zum Erfolg werden zu lassen. Bei einem Event für Erwachsene dreht man in solchen Problemsituationen einfach den Bierhahn etwas weiter auf. Einen Kindergeburtstag zu retten ist ungleich komplexer. Aber machen Sie sich keine allzu großen Sorgen. Sie und Ihr Kind haben doch sicherlich sonst auch viel Spaß miteinander. Warum soll das nicht ebenso sein, wenn ein Dutzend andere Kinder dabei sind?

49. Einen Plan machen

Wir sind in der heutigen Welt geradezu von Plänen umzingelt. So gibt es nicht Sparpläne und Fitnesspläne, sondern auch Straßenpläne und sogar Urlaubspläne. Die Planwirtschaft hat zwar versagt, dennoch wünschen wir uns im Leben Planungssicherheit. Firmen stellen Leute ein, deren Aufgabe es ist, aus den Plänen einzelner Abteilungen einen Masterplan zu destillieren. Menschen, die sich planlos fühlen, werden von Experten planvoll in die Kunst der Lebensplanung eingeführt. Im Grunde zieht jeder Plan neue Pläne nach sich. Wer plant, sich zu verheiraten, braucht einen Hochzeitsplaner, wer sich verschulden will, einen Finanzplan.

Spätestens im Grundschulalter weiß jedes Kind, was ein Stundenplan ist, oft hat es aber schon zuvor geahnt, dass das Familienleben im Speziellen und das Leben im Allgemeinen einem Plan folgen. Müssen Sie Ihrem Kind nun also auch noch zeigen, wie man einen Plan macht? Allerdings. Und nicht nur das: Sie sollten zudem vorführen, wie man diesen Plan auch in die Tat umsetzt. Das ist nämlich mindestens genauso wichtig. Ein Plan, der nicht realisiert wird, ist pure Zeitverschwendung. Die wiegt natürlich schwer, weil das Erstellen von Plänen oft wesentlich länger dauert als deren Realisation.

Pläne visualisieren ein mehr oder minder komplexes Aufgabenfeld, das beackert werden muss, damit man ein bestimmtes Ergebnis ernten kann. Es gibt da zum Beispiel den sehr überschaubaren Plan, noch rasch ein paar Sachen fürs Frühstück einzukaufen, oder den anspruchsvolleren Plan, eine vierwöchige Tour durch die USA zu organisieren. Atemberaubend komplexe Pläne wie den Marshall-Plan oder den Plan einer bemannten Marsexpedition lassen wir jetzt mal außen vor.

Ihr Kind sollte jedenfalls verstehen, dass größere Ziele für gewöhnlich nur mit größerem Aufwand zu erreichen sind. Um sich über diesen Aufwand Klarheit zu verschaffen, macht man eben einen Plan. Klingt einfach, ist es aber nicht. Pläne zeigen uns nämlich auch detailliert, welche Strapazen wir auf uns nehmen müssen, um unsere Ziele zu erreichen. An genau dieser Stelle verlieren viele Menschen dann die Lust an ihren ehrgeizigen Plänen. Deshalb werden Pläne auch so oft überprüft, geändert, diskutiert und manchmal sogar auf Eis gelegt – angeblich aber nur vorübergehend. In Wahrheit sind sie längst gestorben und dienen nur noch als Zeichen der guten Absicht.

Sie können Ihrem Kind zeigen, wie man möglichst wenig Zeit mit unrealistischen Plänen verplempert, indem Sie schlicht genau das tun. Wenn Sie es beispielsweise mit einer Diät nicht völlig ernst meinen, dann versuchen Sie gar nicht erst, diesen Umstand durch einen komplizierten Plan zu verschleiern. Ihr Kind lernt sonst, dass man Pläne prima einsetzen kann, um die Erledigung unliebsamer Aufgaben bis zum Sankt-Nimmerleins-Tag hinauszuzögern.

Unterstützen Sie Ihr Kind, wenn es selbst einen Plan austüftelt. Unterstützen heißt, Sie dürfen die Überlegungen Ihres Kindes kritisch begleiten, aber unter keinen Umständen zum Bedenkenträger werden. «Vielleicht solltest du zunächst eine Probestunde nehmen und erst dann entscheiden, ob du Cello lernen willst», wäre beispielsweise ein vernünftiger Vorschlag. «Du und Cello? Im Leben nicht!», wäre dagegen eine blöde Frotzelei.

Wenn Ihr Kind für Ihren Geschmack insgesamt zu wenig plant, kann das daran liegen, dass es zu faul ist oder Sinn und Zweck von Plänen noch nicht erkannt hat. Vielleicht versteht es sich aber auch mehr auf die Kunst der Improvisation. Sofern es sich nicht ausschließlich darauf verlässt, ist dagegen nichts einzuwenden. Sie sollten Ihr Kind also gewähren lassen, selbst wenn Ihnen Spontaneität völlig fremd ist. Bedenken Sie, dass viele Dinge im Leben nun mal nicht planbar sind.

50. Unordentlich sein

Im Zimmer Ihres Kindes sieht es wieder einmal aus wie zwei Minuten nach einem Luftangriff, und zwar obwohl Sie am Abend zuvor noch gemeinsam mit dem Nachwuchs aufgeräumt haben. Doch nicht nur im Kinderzimmer geht es zu wie bei Hempels unter dem Sofa, auch in Wohnzimmer und Küche finden sich eindeutig zu viele Spuren Ihrer Nachkommen. Was Mütter in aller Regel sofort stört, mag Vätern erst bei fortgeschrittener Verwüstung aufstoßen – auch wenn es den umgekehrten Fall mitunter sicher auch gibt. Der Ordnungssinn ist nun mal nicht gleich verteilt, und das ist auch gut so.

Es hilft allen Beteiligten, wenn Sie Ihrem Kind beibringen, eine gewisse Form von Ordnung zu halten, und zwar aus dem einfachen Grund, weil es das Leben in vielen Fällen erleichtert. Stellen Sie eines Tages fest, dass Ihrem Kind Ordnung nicht gerade in die Wiege gelegt wurde, wäre es eine Überlegung wert, ihm den Freiraum zu lassen, sein kreatives Chaos zumindest ein Stück weit ausleben zu dürfen. Das kann natürlich nicht bedeuten, dass Sie Ihr Kind ermutigen sollen, die Wohnung in ein permanentes Feriencamp zu verwandeln. Aber nehmen wir einmal an, dass die Mutter die wesentlich ordentlichere Person im Haushalt ist als der Vater. Wenn sie also einmal für zwei Tage zu ihren Eltern fährt, um sich vom anstrengenden Familienalltag zu erholen, könnte der Vater dem Nachwuchs durchaus erlauben, einmal so richtig unordentlich zu sein. Dabei kann er dem Kind ruhig nachsehen, dass es alles stehen und liegen lässt, egal wo. Nur sollte er nicht vergessen, ihm klarzumachen, dass die Ordnung vor der Rückkehr der Mutter wieder vollständig hergestellt werden muss. Und zwar unter seiner tatkräftigen Mithilfe.

Das Kind wird es genießen und dem Vater seinen Dank zeigen, indem es ihn vor der Rückkehr der Mutter tatkräftig dabei unterstützt, die Ordnung wiederherzustellen. Zudem wird es aus dieser (hoffentlich) kurzen Episode lernen, dass Unordnung für eine begrenzte Zeit einen gewissen Reiz entwickeln kann, dass jedoch andererseits ein Mindestmaß an Ordnung das tägliche (Zusammen-) Leben durchaus erleichtert. Zumal das große Aufräumen ausbleibt.

Auch wenn Ordnung natürlich ein relativer Begriff ist, darüber hinaus können vorzugsweise die Männer der Familie einmal kräftig ihren Chaostrieb ausleben und sich danach leichter zusammenreißen. Manches lernt man bekanntlich ja erst dann zu schätzen, wenn man sich das Gegenteil einmal wieder vergegenwärtigt hat. Insofern kann ein solches Chaos durchaus eine kreative Wirkung entfalten, schließlich haben auch Ordnung und Unordnung ihre Zeit im Leben.

Jedenfalls kann es nicht schaden, wenn Ihr Kind beide Lebensformen kennenlernt. Ewige Ordnung ist im Grunde zutiefst langweilig, eigentlich eine Unmöglichkeit.

Stetes Chaos ebenso.

51. Einen botanischen Garten besuchen

Keine Sorge, hierzu müssen Sie kein Naturfreak sein, und trotzdem können Sie viele schöne Stunden mit Ihrem Kind dort verbringen. Das Erstaunliche an botanischen Gärten ist vor allem deren anregende Schönheit und Vielfalt. Fremde Gerüche, geheimnisvolle Schlinggewächse und fleischfressende Pflanzen wecken die Phantasie. Schildkröten, Fische, Füchse und exotische Singvögel dagegen helfen dabei, sich vorzustellen, man sei mitten im tiefsten Dschungel – oder zumindest nicht weit davon entfernt.

Der botanische Garten ist also auch eine Art Stadtflucht, ein Trip ins Grüne, ohne sich allzu weit vom Großstadtdschungel zu entfernen. Dennoch bekommen Sie hier Naturschauspiele in Hülle und Fülle geboten. Je nach Tageszeit können Sie sogar beobachten, wie die Blumen ihre Kelche öffnen oder schließen.

Gehen Sie ruhig an einem Sonntagvormittag mit Ihrem Nachwuchs in den botanischen Garten, und zwar egal zu welcher Jahreszeit, auch wenn es im Frühjahr natürlich am schönsten ist. Nehmen Sie sich genügend Zeit, um mit Ihrem Kind die Namen der einzelnen Pflanzen auf den Tafeln zu lesen. Nein, Sie müssen sie nicht auswendig lernen. Und Ihr Kind auch nicht. Es sei denn, Ihr Nachwuchs möchte sich unbedingt ins Thema einarbeiten.

An grauen Tagen, wenn die Laune auf dem Nullpunkt ist, kann so ein botanischer Garten die Stimmung merklich heben. Ob Ihr Kind nur das Fluidum dort mag oder ob es ein botanisches Forscherinteresse entwickelt, ist dabei nicht wichtig. Aber vielleicht werden Sie staunen, wie schnell Ihr Kind sich in die Welt der Botanik einarbeitet. Schon nach wenigen Besuchen könnte es Ihnen erklären, wie es sich mit dieser oder jener Pflanze verhält. Sie dürfen gerne Hilfsmittel benutzen, etwa die auffächerbare Pflanzenkunde, anhand derer man die verschiedenen Baumsorten bestimmen kann. Machen Sie das am besten vom Wissensdurst Ihres Kindes abhängig.

Sollte dieser, was nicht ungewöhnlich wäre, sehr groß sein, dann taugt ein botanischer Garten auch zu ersten zarten Geographiestunden. Ob aus den peruanischen Anden, dem tibetischen Gebirge oder irgendwelchen Wäldern tief in den USA, im botanischen Garten findet sich garantiert aus jedem Winkel dieser Erde ein Busch, ein Baum oder eine Blume. An diesem Punkt könnten Sie Ihrem Kind die Lage der Kontinente zueinander oder die Nachbarschaft gewisser Länder und Klimazonen erklären. Auch diese lassen sich nirgends so leicht darstellen wie hier. Vergessen Sie aber über solche Exkursionen nie, die Schönheit dieses Ortes zu genießen. Er vermittelt im Kleinen eine Vorstellung davon, wie überwältigend vielfältig, prall und schön das Leben auf der Erde ist. Das wiederum ist nicht nur eine Sache des Lernens, sondern auch des Erspürens. Am besten bringen Sie das Ihrem Kind nahe, indem Sie ihm bei Gelegenheit eine Pflanze schenken, die es aufziehen und pflegen kann.

52. Ein Legoboot aus zweitausend Einzelteilen unter dem Weihnachtsbaum zusammenbauen

Es ist nicht das, was man sich unter einem gemütlichen Weihnachtsabend vorstellt, gewiss nicht. Der Preis ist hoch, die Dankbarkeit kennt dafür aber auch keine Grenzen, wenn Sie nach Vollendung des großen Werkes in die leuchtenden Augen Ihres Kindes schauen: Es ist vollbracht. Das Lego-U-Boot, das laut Bedienungsanleitung aus zweitausend Teilen (gefühlt sind es zweifellos bedeutend mehr!) besteht, thront vor ihnen. Und es sieht toll aus! So toll, dass sie sich gewiss sind, dass doch ein hochbegabter Ingenieur oder Architekt an Ihnen verlorengegangen ist, auch wenn es bisher stets Ihre Frau war, die sämtliche Nägel gerade in die Wand getrieben hat.

Das U-Boot wackelt nicht, es erfüllt alle angekündigten Funktionen, und Ihr Kind ist für die Feiertage restlos damit beschäftigt, sie in allen Varianten auszuprobieren. Im Zweifelsfall besteht es sogar darauf, das Ungeheuer mit ins Bett zu nehmen. Wogegen Sie sich aus schierem Überlebenstrieb wehren werden, gehen Sie doch nicht ganz zu Unrecht davon aus, dass das Kunstwerk am nächsten Tag nicht mehr so aussehen wird wie vor der Nachtruhe.

Auf einen solchen Abend können Sie sich spätestens dann einstellen, wenn Sie oder die liebe Verwandtschaft zum Kauf eines solchen Geschenks schreitet. Kommen Sie bloß nicht auf die abwegige Idee, Ihr Kind könne dieses Ungeheuer ohne Ihre tatkräftige Unterstützung zusammensetzen – das ist ausgeschlossen! Es sei denn, Ihr Kind hat bereits im zarten Alter von drei Jahren durch gewagte Baukonstruktionen auf seine eindeutige Begabung aufmerksam gemacht. Aber gehen wir vorsichtshalber mal von einem durchschnittlich begabten Kind aus. Ein Kind, das Sie in seiner Baulust allerdings auch nicht unterschätzen sollten! Selbst wenn die Unterstützung in aller Regel nur partieller Natur sein dürfte, so scheint es geraten, ihm oder ihr unbedingt das Gefühl zu geben, mithelfen zu dürfen und einen Anteil am Erfolg zu haben!

Eine solch erfolgreiche Einbindung erspart es Ihnen beispielsweise, am nächsten 24. Dezember mit zerrauften Haaren auf dem Boden zu hocken und über zweihundertseitigen Bauanleitungen zu brüten. Im Optimalfall wird Ihr Kind zwar große Freude an diesem aufwendigen Geschenk zeigen, allerdings nicht allzu scharf darauf sein, ein ähnliches Manöver zu wiederholen. Im für Sie weniger günstigen Fall wird die Begeisterung anhalten und Sie auch am nächsten Weihnachtsabend auf den Boden zwingen. Immerhin wird die Unterstützung durch Ihr Kind dann schon spürbare Ausmaße angenommen haben.

In jedem Falle schweißt eine solch existenzielle Erfahrung ungemein zusammen, und Ihr Kind wird Ihnen diese Heldentat so schnell nicht vergessen. Davon abgesehen haben Sie ein weiteres Mal gelernt, dass Geduld sich auszahlen kann. Auch wenn der Weg in diesem Falle recht steinig ist. Bitte entschuldigen Sie diesen unvermeidlichen Kalauer.

53. Wünschen lernen

Kinder haben viele Wünsche und werden dafür oft belächelt. Erwachsene tun kindliche Sehnsüchte oft als Tagträumerei ab. Wir glauben zu wissen, was ein realistischer Wunsch ist und welcher nie erfüllt werden wird, zumal «man im Leben eben nicht alles haben kann». Mit den Jahren passen Kinder ihre Sichtweise und ihr Leben denen der Eltern an und haken viele Wünsche als unerreichbar ab. Dennoch gibt es auch in der Erwachsenenwelt viele Dinge, die uns an die kindliche Hoffnung auf die Erfüllung unserer Wünsche erinnern. Wunschbrunnen, Sternschnuppen, Kleeblätter, Glücksbringer oder Glückszahlen, nicht zuletzt all jene Glücksspiele, die uns möglichst viel Geld und damit ein besseres Leben bescheren sollen, erzählen davon, dass wir als Kinder verlernt haben, unseren Wünschen zu vertrauen.

Wie bringe ich meinem Kind nun das Wünschen bei, und zwar so, dass es den Glauben und das Vertrauen entwickelt, seinen Wunsch auch in die Realität umsetzen zu können? Wie gebe ich meinem Kind den Impuls, seinem Wunsch entsprechende Taten folgen zu lassen?

Es gibt einen Unterschied zwischen Träumen und Wünschen. Träume sind nichts weiter als bebilderte Sehnsüchte. Was von ihnen bleibt, ist das angenehme Gefühl, dem Alltag entflohen zu sein.

Anders die Wünsche: Sie fußen zwar auch auf einem Ritual, ähnlich wie Wunschbrunnen und Sternschnuppen, reichen aber viel weiter. Sie bedürfen der Erstellung eines genauen Plans, den Sie mit Ihrem Kind entwickeln müssen.

Und das geht so: Wählen Sie mit Ihrem Kind einen Ort und einen Zeitpunkt aus, an dem das Wunschritual stattfinden soll – zum Beispiel vor dem Schlafengehen, im Bett oder am offenen Fenster

unter freiem Sternenhimmel. Das Kind darf seinen Seelenwunsch aussprechen – ganz egal ob er in der nahen oder fernen Zukunft liegt. Sagen wir mal, Ihr Kind hätte gern ein Pferd, besser gleich eine eigene Ranch. Okay. Nun könnten Sie gemeinsam eine Art emotionalen Fahrplan entwickeln. Stellen Sie Ihrem Kind Fragen zu seinem Wunsch, dann kann es in seiner Phantasie ein Bild davon entwerfen, wie dieser Wunsch in seiner Vollendung aussehen und wie er sich im Moment der Erfüllung anfühlen wird. Ihr Kind ist in diesem Moment der Architekt dieses gedanklichen und emotionalen Prozesses, als würde es ein Haus planen und bauen – was es im speziellen Fall auch tut, indem es seine Ranch konzipiert.

Wichtig ist zum einen, dass Sie die kindliche Freude an der eigenen Phantasie und an der Erschaffung seiner individuellen Realität wecken und Ihrem Kind die Möglichkeit geben, diese bis ins kleinste Detail zu entwerfen. Spielerisch können Sie dann gemeinsam eine Art «Boten» entwickeln, eine Phantasiefigur, die diesen Wunsch in den Himmel oder ins Universum trägt. Bei Kindern ist das häufig ein Himmelswesen, also eine Elfe, eine Fee oder ein Engel. Ob Ihr Kind später tatsächlich eine Ranch haben wird, ist übrigens nicht so wichtig. Hauptsache, es traut sich als Erwachsener, sich seine Wünsche einzugestehen und diese auch zu verfolgen.

54. Gemeinsam kochen

Restaurants gab es zwar schon im alten Rom, allerdings genossen sie keinen guten Ruf. Römer, die etwas auf sich hielten, zogen es vor, privat zu speisen. So mussten sie sich weder Gedanken über Frische und Qualität der Zutaten machen, noch liefen sie Gefahr, einem Halsabschneider in die Hände zu fallen. Die besten Köche Roms befanden sich ohnehin in Privatbesitz. Es waren Leibeigene, vorzugsweise Griechen, für deren gastronomisches Geschick auf den Sklavenmärkten Höchstpreise gezahlt wurden.

Obwohl Restaurants inzwischen einen besseren Ruf haben, stehen private Kochevents heutzutage hoch im Kurs. Seit Ende der neunziger Jahre bemühen sich Dutzende mehr oder minder prominente Profiköche, dem ambitionierten Hobbykoch die letzten Geheimnisse der Kulinarik zu offenbaren. Das hat nicht nur zu einer wahren Flut von Kochsendungen, Kochbüchern und Kochkursen geführt, sondern auch den Erfolgsdruck erhöht. Manch einer, der nicht mit phantasievollen und obendrein perfekt koordinierten Sieben-Gänge-Menüs aufwarten kann, hält vorsichtshalber mit seinen vermeintlich bescheidenen Kochkünsten hinterm Berg. Das ist schade, denn Kochen sollte kein Hochleistungssport, sondern ein Ausdruck von Lebensfreude sein.

Letztlich braucht man dazu auch keine raffinierten Speisefolgen, sondern nur ein gewisses Maß an handwerklichem Engagement. Die Auswahl der Zutaten sollte mit der gleichen Sorgfalt erfolgen wie die Vorbereitungsarbeiten in der Küche. Zum Kochen gehört, dass möglichst unverarbeitete Zutaten zum Einsatz kommen. Das sollten die Gäste später schmecken können. Übrigens hat all das nur in zweiter Linie mit Gesundheit und Esskultur zu tun, in erster Linie geht es um den Genuss.

Was die Warenkunde betrifft, so dürfen Sie sich Ihr Kind gerne an einem Samstagmorgen schnappen und es mit auf den Markt nehmen. Zeigen Sie ihm, wie eine gute Honigmelone in der Schale riecht, wie weich eine Avocado sein muss, wenn man sie am gleichen Tag verzehren möchte, oder dass Äpfel ruhig unsaubere Stellen haben dürfen. Erklären Sie ihm außerdem, dass man möglichst Früchte aus der Umgebung kauft, auch wenn Obst aus fernen Ländern ständig verfügbar ist. Wenn Sie dann gleich wegen der Avocado gescholten werden, loben Sie Ihr Kind. Gut aufgepasst! Gehen Sie als Nächstes zu einem Fischstand und erklären Sie Ihrem Nachwuchs, dass ein frischer Fisch klare Augen hat und keine glasigen – auch wenn der schlitzohrige Fischverkäufer etwas anderes behauptet. Zeigen Sie Ihrem Kind, wie ein Salat aussehen muss, der das Prädikat «frisch» verdient, und überlegen Sie gemeinsam, welche Zutaten sich wie kombinieren lassen.

Mehr oder minder fertige Gerichte im Topf oder Ofen zu erwärmen, kann man noch nicht als Kochen bezeichnen. Andererseits müssen auch nicht die Standards der Haute Cuisine erfüllt werden, wenn Sie Ihren Kindern gutes Essen nahebringen wollen. Die wesentliche Frage lautet vielmehr: Kann ich etwas im Vergleich zum Fertigprodukt auch selbst herstellen, ohne unverhältnismäßig viel Zeit darauf zu verwenden? Konkret heißt das: Eine frische Gemüsesuppe braucht nur unwesentlich länger als die Variante aus der Tiefkühltruhe oder Dose. Die eigenhändige Herstellung eines Lammfonds steht dagegen in keinem Verhältnis zur Qualität der angebotenen Fertigprodukte. Übrigens eignen sich Eintöpfe besonders gut für erste Kocherfahrungen. Man kann fast nichts falsch machen, braucht nur wenig Küchengerät, und es gibt unzählige Varianten, beispielsweise in der französischen Landküche, die ja nicht als die schlechteste gilt.

Wenn Sie regelmäßig Zeit fürs Kochen einplanen, schaffen Sie obendrein automatisch Raum für Kommunikation. Nicht nur beim Essen können Sie sich gut unterhalten, sondern auch beim

Schnippeln. Zeigen Sie Ihrem Kind, wie man mit einfachen Mitteln schmackhafte Mahlzeiten auf den Tisch bringt. Vielleicht haben Sie dann das Glück, später einmal in eine Studentenbude eingeladen zu werden, in der es zur Feier Ihres Besuchs richtig leckere Pasta und ein gutes Glas Wein gibt.

55. Hausaufgaben machen

Montagabend, kurz nach der *Tagesschau*. Ihr Kind eröffnet Ihnen, dass es dummerweise die Mathehausaufgaben für den folgenden Tag noch nicht erledigt hat. Total vergessen! Einfach nicht dran gedacht! Was jetzt?

Tja, dumm gelaufen. Doch es hilft alles nichts. Also, raus aus dem Ohrensessel, das Kind gepackt und ab an den Schreibtisch. Ausgerechnet die von Ihnen so ungeliebte Mathematik, und das, nachdem Sie mit Ach und Krach den ersten Wochentag überstanden haben. Sobald sich die Erkenntnis, wie hart das Leben manchmal sein kann, gesetzt hat, sollten Sie tief durchatmen, um die Sache folgendermaßen anzugehen:

Seien Sie nachsichtig mit Ihrem Kind, Ihnen wird diese Panne in Ihrer Schulzeit sicher auch das eine oder andere Mal unterlaufen sein. Versuchen Sie sich zu konzentrieren, mobilisieren Sie sämtliche noch in Ihnen und Ihrem Kind schlummernden Kräfte und schauen Sie sich genau an, was zu tun ist. Danken Sie dem Schicksal, wenn Ihr Kind noch in einem Alter ist, in dem man sich in der Schule bei den Grundrechenarten aufhält oder bestenfalls zur Mengenlehre vorgedrungen ist. Schon die Tücken der Integralrechnung dürften Ihnen zu vorgerückter Stunde Kopfzerbrechen bereiten.

Verlieren Sie trotzdem möglichst nicht sofort die Geduld, auch wenn die Situation Ihnen mächtig zusetzt. Finden Sie außerdem bitte möglichst schnell zu einem Ende, denn keinem der Beteiligten ist am nächsten Morgen mit Unausgeschlafenheit geholfen. Sollten Sie merken, dass die Hausaufgaben zu umfangreich sind, um sie noch flugs fertigzustellen, erledigen Sie wenigstens so viel mit Ihrem Kind, dass es in der Mathematikstunde am nächsten Tag nicht völlig blank dasteht. Ist der betreffende Lehrer ein halbwegs verständnisvoller Pädagoge, so wird er ausnahmsweise fünfe gerade sein lassen.

Wichtig ist nur, Ihrem Kind nach der Erledigung der Hausaufgaben zu vermitteln, dass es sich um eine einmalige Ausnahme gehandelt hat. Besonders pfiffige Nachwuchsmathematiker kommen sonst auf die Idee, sich regelmäßig unter die Arme greifen zu lassen. Und nicht wenige Eltern, die allein das schulische Wohl ihres Kindes im Auge haben, stellen erst nach geraumer Zeit fest, dass sie ausgetrickst und zu Handlangern degradiert wurden.

Es gibt übrigens einen wirkungsvollen Kniff, um genau das zu verhindern: Wenn Sie Ihrem Kind häufiger bei den Hausaufgaben helfen müssen, dann delegieren Sie Tätigkeiten, die Sie deswegen angeblich nicht erledigen konnten, einfach an Ihr Kind. Wenn es die Zeit, die es durch Ihre Mithilfe gewinnt, dadurch wieder verliert, dass es bei anderen Arbeiten ranmuss, wird es sich künftig genau überlegen, ob es nicht sinnvoller ist, die Hausaufgaben tagsüber zu erledigen und am Abend seine Ruhe zu haben.

56. Unsicherheit zeigen/ Verzweiflung eingestehen

Es gibt diese Momente, in denen viele von uns gerne wieder Kind wären: keine Verantwortung tragen, keine Entscheidung fällen müssen oder am besten Scotty zurufen: «*Beam me up.*» Wer von uns kennt sie nicht? Nun gehört es, je nach Situation und Perspektive, tragischer- oder erfreulicherweise zum Erwachsensein dazu, dass man sich nicht mal eben wegbeamen lassen kann, sondern gezwungen ist, Verantwortung zu übernehmen oder Entscheidungen zu treffen. Dass es sich dabei nicht immer um ein leichtes Unterfangen handelt, können Sie Ihrem Kind in einer passenden Situation ruhig signalisieren. Schließlich ist es noch keinem Heranwachsenden bekommen, allmächtige, fehlerlose Eltern zu haben, die dann vielleicht obendrein auch noch genial sind.

Zweifellos dürfen Sie Ihr Kind auch nicht überfordern, orientiert es sich doch in aller Regel an Ihnen und erwartet Geborgenheit und die richtigen Entscheidungen. Sie sind, zumindest bis zu einem gewissen Alter, sein Held! Nur, in jeder Situation den Starken zu mimen, damit ist Ihrem Kind sicher nicht geholfen. Wenn Sie also verzweifelt sind, sei es weil Ihre Mutter schwer erkrankt ist oder Ihr Fußballclub ein entscheidendes Spiel verloren hat, zögern Sie nicht, Ihr Kind an Ihren Gefühlen teilhaben zu lassen und ihm zu erklären, warum Sie so empfinden. Schließlich handelt es sich hierbei nicht um selbstverschuldete Niederlagen, sondern um Schicksalsschläge, für die niemand etwas kann und die einen im Extremfall richtig mitnehmen können.

Wichtig ist, dass Sie Ihrem Kind nahebringen, was Sie so verzweifelt macht. Es wäre hilfreich, wenn Ihre Erklärungen möglichst konkret ausfallen, damit Ihr Kind eine wenigstens vage Vorstellung davon entwickeln kann, warum es seinen Fels in der Brandung, also Sie, jetzt gerade so erwischt hat. Das ist bei der Erkrankung oder gar dem Tod einer nahestehenden Person sicher einfacher als bei der Niederlage des favorisierten Fußballclubs oder einer nicht erfolgten Beförderung. Aber auf den graduellen Unterschied kommt es nicht so sehr an, vielmehr sollte Ihrem Kind dabei klar werden, dass es auch im Leben von Erwachsenen Situationen gibt, mit denen man auch dann, wenn man schon groß ist, nicht gut umgehen kann. Dass das Leben kein Wunschkonzert ist und auch Erwachsene so manches Mal mit sich und ihrer Umwelt zu ringen haben. Dass sie sich dabei nicht immer ganz sicher sind, was zu tun ist, welcher Weg oder welche Entscheidung die richtige ist.

Vor allem eine Botschaft dürfte dabei wichtig sein: Patentlösungen sind zwar eher die Ausnahme, und nicht jedes Problem kann gelöst werden, aber Zeiten der Unsicherheit oder Verzweiflung sind endlich – wenn man sich ihnen stellt und nach Lösungen sucht.

57. Paris sehen

Paris, Stadt der Liebe, Stadt der Aufklärung, Stadt der Schönheit. Die französische Metropole ist immer eine Messe oder auch nur einen Besuch wert.

Sätze wie diese hat man schon zu oft gehört, als dass man sie nicht für abgedroschen halten könnte. Das Beunruhigende an den vielen Superlativen für diese Stadt ist allerdings, dass sie (fast) alle zutreffen. Es mag sein, dass Paris kulturell und politisch verloren hat, dass es nicht mehr als primär «interessant» bezeichnet werden kann. Aber die unvergleichliche Schönheit, die sie in sich vereint, soll ihr erst einmal eine zweite Stadt nachmachen!

Insofern dürfte es, vielleicht abgesehen von Rom, Barcelona, Prag oder London, kaum eine geeignetere Stadt geben als Paris, um Ihrem Kind eine Metropole von Weltruf zu zeigen und obendrein gemeinsam eine unvergessliche Reise zu unternehmen. Vermutlich hat so gut wie kein Besucher diese Stadt und ihre Schönheit je vergessen. Darüber hinaus war sie Ausgangspunkt der Aufklärung, die Europa bis heute wesentlich prägt.

Spazieren Sie mit Ihrem Kind an den Canales St. Martin entlang, lassen Sie sich nieder auf einer Bank auf der Place des Vosges – natürlich nicht, ohne sich vorher um die Ecke ein wunderbares Eclair oder ähnliche Schweinereien besorgt zu haben. Genießen Sie mit ihm die Schönheit und Stille des geschlossenen Platzes, der früher einmal Place Royal hieß und von einem Reiterstandbild Ludwigs XIII. geziert wird. Wenn Sie schon mal an der Place des Vosges sind, nutzen Sie die Gelegenheit, Ihrem Nachwuchs das berühmte Marais im 4. Arrondissement zu zeigen. Ein Spaziergang durch dieses lebendige alte Viertel mit seinen vielen kleinen, verwinkelten Straßen lohnt immer. Gutes Essen gibt es dort auch noch, ob ein Baguette au Jambon de Paris oder Falafel. Sehenswert, vor allem auch für Kinder, ist sicher die Kirche Sacre Cœur, und wenn Sie Glück (oder Pech, wie man's nimmt) haben, können Sie Ihrem Kind auch Angelo von der Kelly Family zeigen, der sich inzwischen mit Straßenmusik sein Brot dort verdient.

Neben den *musts* des Touristen, die Sie nicht allzu ernst nehmen sollten, wenn Sie sich nicht permanent gestresst fühlen wollen ob der schier zahllosen Sehenswürdigkeiten dieser Stadt, wie den Champs Élysées, dem Eiffelturm oder der unvermeidlichen Bootsfahrt auf der Seine, sollten Sie mit Ihrem Kind ruhig auch die etwas abgelegeneren Ecken der Stadt aufsuchen wie den Parc des Buttes-Chaumont, der sich im wenig touristischen 19. Arrondissement befindet. Falls Ihr Kind nicht mehr allzu weit vom Abitur entfernt ist, können Sie nach einem Picknick im Park gleich nach Belleville gehen, wo das Leben der Studenten und Künstler tobt und man vermutlich den besten Couscous der Stadt bekommt. Sollte es mittlerweile Abend geworden sein, umso besser, denn in dieser Ecke der Stadt finden Sie die, was das Publikum betrifft, vermutlich lebendigsten Bars, und bezahlbar ist das Ganze auch noch.

Was den Louvre betrifft, so zählt dieses wunderbare Museum dummerweise zu den Sehenswürdigkeiten dieser Stadt, die man unbedingt gesehen haben sollte, und das kann durchaus anstrengend sein, da man unendlich lange Schlangen in Kauf nehmen muss. Letztere lassen sich allerdings mit einem Croissant durchaus verkürzen – oder mit einem *baguette au chocolat*. Lohnen tut es sich allemal, auch wenn Ihr Kind ein Kunstmuffel sein sollte; schließlich macht es auch für ein Kind ab einem gewissen Alter etwas her, sagen zu können: «Ich war schon mal im Louvre.»

Spazieren Sie an der Seine entlang, vorbei an den vielen Bouquinisten, bei denen Sie mit etwas Glück das ein oder andere seltene Stück finden können, wenn Sie sich denn die Zeit nehmen. Besteigen Sie eines der vielen Boote, wenn Ihr Kind anfängt zu nörgeln ob des immensen Laufpensums. Auch vom Boot aus lässt sich Paris phantastisch erkunden, und es gibt durchaus passable Führungen, die man sich anhören kann, aber nicht muss.

Sie und Ihr Kind werden am Ende feststellen: Paris ist ein Fest fürs Leben!

58. Mit körperlichem Schmerz umgehen

Das rasche Überwinden körperlichen Schmerzes ist ein Relikt der archaischen Leistungsgesellschaft. Blieb ein Jäger trotz einer Verletzung einsatzfähig, so hatte er größere Überlebenschancen als jemand, der inmitten einer Herde rasender Mammuts erst mal eine kleine Auszeit brauchte. In der Wildnis mussten unsere Vorfahren demnach die Zähne zusammenbeißen. Das Prinzip zieht sich seitdem durch die Menschheitsgeschichte und gilt für Pioniere, Krieger, Abenteurer sowie Entdecker gleichermaßen. Wer einem gefährlichen Job nachgeht, muss damit rechnen, dass seine Leidensfähigkeit auf die Probe gestellt wird. Menschen mit derartigen Nehmerqualitäten gelten als Vorbilder. Hart zu sich selbst zu sein wird sogar von Leuten erwartet, die nicht regelmäßig ihr körperliches Wohl aufs Spiel setzen. Arbeitnehmer sollen trotz Schnupfen den Job erledigen, Mütter sollen sich trotz Kopfschmerzen um Haushalt und Kinder kümmern. Wer etwas auszukurieren hat, macht das idealerweise am Wochenende oder im Urlaub.

Gelernt haben wir das von unseren Vorbildern. Profisportler kämpfen bis zum Umfallen – und das keineswegs nur sprichwörtlich. Je härter die Sportart, desto eher wird jemand als Weichling betitelt, der den Schmerz nicht länger ertragen will. Beim Boxen gilt es sogar als Blamage, wenn der Trainer den Kampf durch das Werfen des Handtuchs beendet. Eigentlich muss ein Boxer so lange durchhalten, bis der Ringrichter oder Arzt den Kampf abbricht.

Kein Wunder, dass Kindern beigebracht wird, hart gegen sich selbst zu sein – übrigens auch von den eigenen Eltern, die sich ihrerseits beim Zahnarzt selbst vor kleinsten Behandlungen fürchten und grundsätzlich eine Spritze verlangen. Weit verbreitet ist die Ansicht, dass Kinder, wenn sie sich nur leicht verletzt haben, möglichst

wenig Aufhebens darum machen sollten. Idealerweise fließen erst gar keine Tränen, damit das Kind sich nicht in einen Weinkrampf hineinsteigert. Zugegebenermaßen provozieren manche Erwachsene mit ihren völlig übertriebenen Reaktionen erst, dass die Kinder in Tränen ausbrechen, obwohl der Anlass allein dazu nicht gereicht hätte. Die erschrockenen und besorgten Gesichter der Erwachsenen, die hektischen Reaktionen und die panischen Nachfragen signalisieren dem Kind, dass es gerade eine prima Möglichkeit bekommt, zum Mittelpunkt des Geschehens zu werden.

Gibt es später zum Trost auch noch ein Eis, dann wird Ihr Kind die gelungene Vorstellung sicher gerne in sein Repertoire aufnehmen. Damit ist dann aber auch besiegelt, dass Sie ab jetzt echte nicht mehr von gespielten Schmerzen unterscheiden können. Schmerzempfinden ist eine höchst individuelle Angelegenheit. Die Schmerzgrenze ist bei jedem Menschen unterschiedlich hoch und variiert obendrein je nach Tagesform und allgemeiner Verfassung. Eltern können daher manchmal nur schwer einschätzen, ob das Weinen ihres Kindes nun gerade berechtigt ist oder nicht. Sie sollten die Reaktion trotzdem ernst nehmen. Kinder, deren Schmerz nicht mit dem nötigen Ernst wahrgenommen wird, haben als Erwachsene oft Probleme, ihre körperlichen Grenzen richtig einzuschätzen. Das Prinzip, Schmerzen mit körperlicher Härte zu begegnen, sorgt außerdem dafür, dass manche Männer das Weinen verlernen.

Dabei sind Schmerzen auch als eine Aufforderung des Körpers zu verstehen, für eine Weile kürzerzutreten. Der Rückzug ins Krankenbett verschafft Leib und Seele Erholung. Übrigens ist es deshalb auch in Ordnung, wenn Ihr Kind sich die Bettruhe mit Büchern, Fernsehen oder CDs versüßt. Wenn Ihr Kind danach verlangt, dann ist Bettruhe eine instinktive Reaktion und keineswegs immer gleich ein Trick, um sich vor unliebsamen Aufgaben zu drücken. Weinen ist übrigens kathartisch, sozusagen ein die Seele reinigender Strom, der eine tiefe Entspannung nach sich zieht.

Lehren Sie Ihr Kind daher, seine eigene Schmerzgrenze und einen individuellen Umgang damit zu finden. Die Sorge, Ihr Kind könnte verweichlichen, wenn Sie es nicht zu einer gewissen Tapferkeit erziehen, ist völlig unbegründet. Tapfer sein heißt, im richtigen Moment die eigenen Grenzen zu überschreiten, es heißt nicht, permanent jenseits der eigenen Grenzen zu leben. Das kann auf Dauer nämlich nur ungesund sein.

59. Luxus schätzen lernen

Kinder können sehr undankbar sein. Obwohl man sich Tag und Nacht abrackert, um ihnen ihre Wünsche zu erfüllen, sind sie nie zufrieden. Zumindest denken manche Eltern das, wenn ihr Nachwuchs ganz selbstverständlich Forderungen äußert, welche die finanziellen Möglichkeiten der Familie um ein Vielfaches übersteigen. Das ist keine böse Absicht, Kindern fehlt schlicht das Gefühl für ökonomische Zusammenhänge. Warum andere Leute sich Yachten, Flugzeuge und Polopferde leisten können, ausgerechnet die eigenen Eltern aber nicht, begreift ein Kind erst im Grundschulalter, und selbst dann oft nur ansatzweise. Kein Wunder – mit dem Verstehen ökonomischer Zusammenhänge haben selbst Erwachsene oft Probleme.

Dass Eltern ihre Kinder hin und wieder für undankbar halten, hängt mit dem fortschreitenden Wohlstand in unserem Land zusammen. Kinder wachsen oftmals mit Errungenschaften auf, von denen ihre Eltern seinerzeit nur träumen konnten. Dieser Umstand zieht sich nun schon durch mehrere Generationen. Eltern, die heute sagen wir mal Mitte dreißig sind, mussten als Kids ohne Handys, Privatsender und iPods leben. Deren Eltern wiederum waren schon froh, wenn sie als Kinder im Nachkriegsdeutschland überhaupt regelmäßig etwas zu essen hatten. Und deren Eltern wuchsen zwischen zwei Weltkriegen auf. Damals war es nicht ungewöhnlich, dass Minderjährige körperlich hart arbeiten mussten, um zum Familieneinkommen beizutragen. Ein Satz ist deshalb über Generationen hinweg zum Evergreen geworden: «Wir wären froh gewesen, wenn wir es als Kinder so gut gehabt hätten wie ihr heute.»

Sie als Eltern haben die Chance, diesen Teufelskreis generationenübergreifender Vorwürfe zu durchbrechen. Dazu brauchen Sie lediglich die Perspektive zu ändern. Leben Sie Ihrem Kind vor, dass Sie den Sie umgebenden Luxus zu schätzen wissen. Das mag banal klingen, ist aber nicht ganz einfach. Aus vielen vermeintlich undankbaren Kindern sind tatsächlich undankbare Erwachsene geworden, die trotz Zweitwagen, Fernreisen, Flachbildschirmen, Wohnungseigentum und Altersvorsorge ständig über die schweren Zeiten jammern, in denen sie leben.

Sicher gehören Sie nicht zu diesen Leuten, trotzdem haben Sie vielleicht schon einmal gespürt, dass eine leichte Unzufriedenheit an Ihnen nagt, obwohl es bei genauerem Hinsehen eigentlich nichts gibt, worüber Sie unzufrieden sein könnten. Kinder bekommen so etwas natürlich mit. Ebenso registrieren sie, wenn die Eltern etwas genießen, egal ob es sich dabei um einen Sonnenuntergang, ein Konzert, ein gutes Glas Wein oder einen Spaziergang handelt. Kinder beobachten ihre Eltern sehr genau, weil sie ein wichtiger Anhaltspunkt sind, um den eigenen Geschmack zu entwickeln. Wenn sie dennoch zuerst einmal alles zusammenklauben, was ihnen wichtig, hübsch, lecker oder nützlich erscheint, dann ist das eine völlig normale Reaktion, der Sie keine pädagogischen Ermahnungen folgen lassen sollten.

Kinder müssen ausprobieren dürfen, was ihnen schmeckt, Spaß macht oder sie bestens unterhält. In allen Punkten werden sie sich aber immer auch an den Erwachsenen orientieren. Genau das ist der Moment, in dem Sie ein paar Hinweisschilder im Dschungel des Lebens aufstellen und Ihrem Kind nebenbei erklären können, dass es gar nicht so einfach ist, den Luxus zu genießen, ohne darin unterzugehen.

60. Ein Massenevent besuchen

Massenveranstaltungen faszinieren die Menschen seit Jahrtausenden. Davon zeugen die Kultstätten der Maya ebenso wie die Amphitheater der alten Griechen. Jeder, der schon einmal die Gelegenheit hatte, den Innenraum des Kolosseums auf sich wirken zu lassen, weiß, dass sich an dem Bedürfnis des kollektiv erlebten Ereignisses seit dem Altertum kaum etwas geändert hat.

Die Versuche, dieses Phänomen philosophisch, soziologisch und psychologisch zu entschlüsseln, sind zahlreich. Viele Experten warnen vor den Gefahren solcher Veranstaltungen, verweisen auf unkontrollierbare Rauschzustände, Massenhysterien und -paniken ebenso wie mögliche ideologische Gefahren. Aus gutem Grund: Beinahe jedes Jahr werden bei der Stierhatz in Pamplona Menschen zu Tode getrampelt, mit Unglauben erinnern wir uns an die Loveparade in Duisburg zurück, und noch immer überkommt uns fassungsloses Entsetzen, wenn wir sehen, wie im Dritten Reich überaus erfolgreich Massenveranstaltungen inszeniert wurden, um die Menschen für die Nazi-Ideologie zu begeistern. Das alles ändert jedoch nichts daran: Massenveranstaltungen bewegen uns.

Die Risiken hierzulande sind in der Regel überschaubar. In Fußballstadien geht es schon seit Jahren einigermaßen gesittet zu, und zwar unabhängig davon, ob U2 oder Bayern München spielt, und auch die Gefahr, dass unser Kind später NPD-Stammwähler wird, weil es mit zwölf einem Springreitturnier beigewohnt hat, scheint eher gering. Suchen Sie sich also ein Event, auf das Ihr Kind «echt total krass Bock» hat, nehmen Sie sich Zeit, den Tag gebührend zu gestalten, und versuchen Sie, sich den Wünschen Ihres Kindes zu öffnen. Mit anderen Worten: Wenn Ihr Kind sich nichts sehnlicher wünscht, als seine Lieblings-Boygroup live zu erleben, dann sollten Sie die Bereitschaft aufbringen, über Ihren Schatten zu springen, auch wenn es Ihnen allein beim Gedanken an den Background-Chor die Fußnägel aufrollt.

Worin auch immer die Faszination von Massenveranstaltungen wurzeln mag: Als Kind bei einer Fußball-WM Deutschland gegen Kamerun im Stadion zu sehen oder als Heranwachsender Zeuge eines Coldplay-Auftritts vor fünfzigtausend Zuschauern zu sein, hat gute Chancen, lebenslang als gemeinsames Ereignis von herausragender emotionaler Größe in Erinnerung zu bleiben. Gleiches gilt übrigens für den Elternteil. Gemeinsam mit Ihrem Kind beim Fußball ein 3:2 nach Verlängerung zu bejubeln, verleiht dem Erlebnis eine ganz neue Qualität. Und selbst der kitschigste Background-Chor hat live schon so manche renitente Hüfte zum Schwingen gebracht.

61. Anspruchsvolle Musik hören

Sie hätten gerne, dass Ihr Kind anspruchsvolle Musik hört? Zumindest versuchsweise? Na gut, hier ist der Deal: Sie lauschen geduldig einen Abend lang der Lieblingsmusik Ihres Kindes und lassen sich erklären, was es daran mag. Im Gegenzug haben Sie die Chance, Ihr Kind für Ihre Musik zu begeistern. Klingt doch fair, oder?

Denken Sie daran, dass es für Kinder und auch für Jugendliche heute eher ungewöhnlich ist, sich über eine Länge von anderthalb oder gar zwei Stunden zu konzentrieren. Sie müssen also für Ihr Event Werbung machen. Erzählen Sie Ihrem Kind von den Komponisten oder Musikern, legen Sie ihm dar, warum Sie diesem oder jenem Musiker schon so lange und so leidenschaftlich in Ihrer knappen Freizeit zuhören. Führen Sie es ein in die Musikrichtung, erzählen Sie kurz etwas zum Hintergrund, damit Ihr Kind sich zumindest eine vage Vorstellung davon machen kann, was es erwartet. Begehen Sie dabei jedoch bitte nicht den Fehler, zu enzyklopädischen Ausschweifungen anzuheben, damit ist weder Ihnen noch Ihrem Nachwuchs gedient. Außerdem kann es sein, dass Ihr Kind überfordert ist und im letzten Moment einen Rückzieher macht. Beschränken Sie sich also darauf, Ihren Konzertpartner neugierig auf das zu machen, was da kommt. Am besten spielen Sie ihm eine CD Ihrer Lieblingsmusik vor. Zeigen Sie sich dabei ruhig schwelgerisch, schließlich soll Ihr Kind spüren, dass diese Musik Ihnen wirklich etwas bedeutet!

Da Ihr Kind im Zweifelsfall nicht die leiseste Ahnung davon haben wird, was Sie musikalisch mit ihm vorhaben, sollten Sie von sich aus die Latte nicht allzu hoch legen. Gesetzt den Fall, Sie hören mit Begeisterung Opern, nehmen Sie Ihr Kind nach Möglichkeit bitte nicht mit in eine Wagner-Oper. Arnold Schönberg dürfte erst recht eine Überforderung darstellen. Warum nicht mit Mozarts *Zauberflöte* beginnen, in der so herzerweichend geflucht wird und mit deren Geschichte Ihr Kind sicherlich etwas anzufangen vermag? Sollte es Sie mehr zum Jazz ziehen, dann verschonen Sie Ihr Kind bitte mit Free Jazz, denn das wäre das Ende, bevor je ein Anfang stattgefunden hat. Warum beginnen Sie nicht mit Branford Marsalis oder Chick Korea? Soll es dagegen ein klassisches Konzert sein, muten Sie ihm nicht gleich ein Werk der Zwölftonmusik zu, sondern suchen Sie lieber eine schöne Mozart-Symphonie oder ein frühes Klavierkonzert von Beethoven aus. Schubert dürfte sich ebenfalls als geeignet erweisen, und wenn Sie Mahler schätzen, so fangen Sie möglichst nicht mit den Kindertotenliedern an, auch wenn deren Schönheit nahezu unbestreitbar ist.

Aber darum geht es hier nicht. Es geht vielmehr um die Einführung in eine Welt, die Ihnen enorm viel bedeutet und die Sie Ihrem Kind möglichst leicht nahebringen wollen. Vielleicht wird Ihrem Kind die Musik, die Ihnen schon so lange das Leben versüßt und bereichert, auch einmal viel bedeuten. Seien Sie nicht enttäuscht, wenn Sie nach Ihrer perfekten Einführung in Ihre Lieblingsmusik den gleichen erbärmlichen Mainstream im Zimmer Ihres Kindes hören wie zuvor. Sie haben schließlich auch nicht gleich als Kenner angefangen.

62. Den Wert von Freundschaft erkennen

Unternehmen wir einen Kurztrip ins antike Griechenland, genauer zu Epikur. Wir befinden uns im Jahr 330 v. Chr., und der künftige Philosoph ist etwa zwölf Jahre alt. Nachdem er sich erstmals in einer öffentlichen Schule eingeschrieben hat, konfrontiert ihn sein Lehrer mit der Aussage, dass am Anfang das Chaos geherrscht habe. Auf Epikurs Frage, woraus dieses Chaos entstanden sei, erhält er die Antwort, das könne man nicht wissen, dies sei eine Frage für die Philosophen. «Was soll ich dann hier?», antwortet Epikur, schnürt sein Bündel und geht zu den Philosophen.

Zwanzig Jahre später – er hat sich nach vielen unfreiwilligen Ortswechseln in Athen niedergelassen und dort seinen philosophischen «Garten» eröffnet – empfiehlt er seinen Schülern, dem Lustprinzip zu folgen und ein maßvolles, aber genussvolles Leben zu leben. «Die Lust ist Ziel und Ursprung des glücklichen Lebens», lautet einer seiner Kernsätze (wobei diese «Lust» in erster Linie geistige Erbauung meint). Sehr zeitgemäß erscheint uns heute das Zitat, wonach man, um einen Menschen glücklich zu machen, nicht dessen Reichtum mehren, sondern lieber dessen Begierden verringern sollte. Besser kann es der Dalai-Lama auch nicht sagen.

Sie sehen: Auch wer den Lehren Epikurs nicht folgen mag, wird sich schwertun, ihn nicht wenigstens sympathisch zu finden. Epikur strebte keinen politischen Einfluss an, die Nutzung seines Gartens oder seiner Schule war kostenlos, außerdem waren ihm Sklaven und Frauen ebenso willkommen wie Reiche und Gebildete. Kein Wunder also, dass seine Anhänger ebenso zahlreich waren wie seine Feinde und die Stoiker große Angst vor ihm hatten, weshalb sie ihn verleumdeten, wo es nur ging.

Ist ja ganz nett, werden Sie jetzt einwenden, aber was hat das alles mit Freundschaft zu tun? Ganz einfach: Als Epikur etwa siebzigjährig stirbt (vermutlich an einer Nierenkolik), berichtet er in seinem Abschiedsbrief von nicht mehr steigerbaren Schmerzen. Und dennoch sagt er: «All diesem hält die Freude meiner Seele stand in der Erinnerung an unsere philosophischen Gespräche.» Nach vierzig Jahren des Philosophierens in seinem Garten bleibt am Ende folgende Erkenntnis: «Von allem, was die Weisheit für die Glückseligkeit des Lebens bereitstellt, ist das weitaus Größte der Erwerb der Freundschaft.» Ein großer Satz, über den nachzudenken sich als lohnend erweisen könnte. Also: Wie verhält sich das mit der Freundschaft?

Als Kinder entwickeln wir bereits sehr früh ein Gespür für den besonderen Wert von Freundschaft, deshalb ist sie auch als Druckmittel kaum zu toppen. «Dann bin ich nicht mehr dein Freund!», heißt es nicht selten schon unter Dreijährigen. Das wiegt. Andererseits glauben wir, Freundschaft leichtfertig aufs Spiel setzen zu können, schließlich müssen wir nicht wirklich etwas hergeben und können sie im nächsten Moment wieder erneuern. Sie wächst sozusagen nach. Später im Leben lernen wir, dass Freundschaften mitnichten von selbst nachwachsen und der Verlust eines Freundes deutlich mehr schmerzt als der Verlust einer Glitzerhaarspange oder einer Sandschaufel. Dann setzen wir sie nicht mehr so leichtfertig aufs Spiel.

Freundschaften sind ein Teil von uns und damit Teil unserer Biographie. Manche Freundschaften halten ein ganzes Leben – vom Kreißsaal bis ins Grab –, zumindest aber länger als unsere erste Ehe. Wer seinen besten Freund oder seine beste Freundin verliert, trägt nicht selten für den Rest seines Lebens eine Leerstelle mit sich herum, die sich nicht wieder füllen lassen will.

Trotzdem behandeln wir Freundschaften oft etwas nachlässig. Sicher, hin und wieder verschwenden wir ein paar Gedanken an unsere Freunde. Doch machen wir uns nur selten bewusst, was für einen großen Wert die Freundschaft an sich hat, wie wichtig sie für jeden von uns ist und dass sie regelmäßiger Pflege bedarf.

Wie war das nochmal bei Epikur? «Von allem, was die Weisheit für die Glückseligkeit des Lebens bereitstellt, ist das weitaus Größte der Erwerb der Freundschaft.» Es kann sicher nicht schaden, wenn wir uns von Zeit zu Zeit daran erinnern. Und unsere Kinder auch.

63. Lügen lernen

Lügen ist eine komplexe Angelegenheit. Schon die Frage, ob eine Lüge moralisch verwerflich oder vertretbar ist, bereitet Probleme. Früher löste man das Dilemma, indem man das Lügen zwar verdammte, aber eine Hintertür für die sogenannte Notlüge offen ließ. Lügen war also eigentlich verboten, in der Not aber dennoch erlaubt.

Da die heutige Welt ein einziger großer Notfall ist, wird inzwischen gelogen, dass sich die Balken biegen. Ob Finanzkrise, Klimawandel oder Globalisierung, in praktisch allen Bereichen gibt es einen wachsenden Bedarf an Notlügen, die wiederum neue Lügen nach sich ziehen. Wir haben uns daran gewöhnt, dass Bilder retuschiert, Filmszenen digital komponiert und Nachrichten frei erfunden werden. Letzteres besonders im Bereich der Unterhaltung, wo professionelle Lügner Romanzen und Skandale gezielt einsetzen, um Produkte zu verkaufen. Ob gebrochene Wahlversprechen, illegale Steuersparmodelle oder halsbrecherische Investmentstrategien, die Lüge erlebt eine Renaissance in praktisch allen Bereichen der Gesellschaft. Mutmaßte Ulrich Wickert vor einigen Jahren, dass der Ehrliche am Ende der Dumme sei, so fragt man sich heute, wer denn so dumm sein konnte, es je mit Ehrlichkeit versucht zu haben.

Lügen gelten nur dann als problematisch, wenn man dabei erwischt wird. Insofern können Sie Ihrem Kind gleich zwei Dinge auf einmal beibringen. Zum einen den verantwortungsvollen Umgang mit der Lüge und zum anderen, wie man es anstellt, um nicht ertappt zu werden.

Aber kann eine Lüge überhaupt ein Akt der Verantwortung sein? Goethe hat mal behauptet, dass man im Deutschen lüge, wenn man

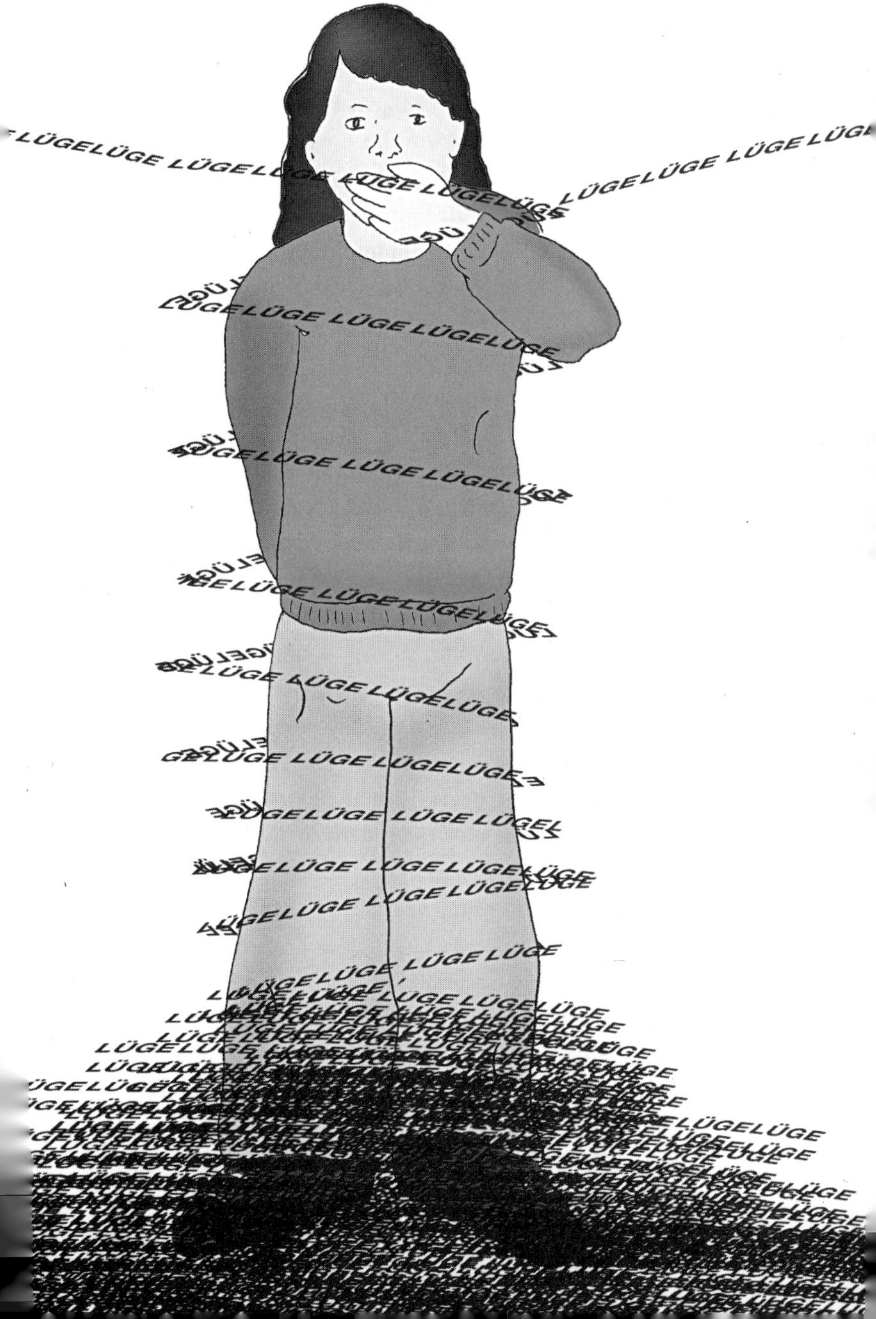
LÜGE

höflich sei. All die kleinen alltäglichen Lügen, die keinem wehtun, die aber für ein gutes Klima sorgen, können wir also getrost zulassen. Sie sind eine Art sozialer Kitt und damit völlig okay.

Schwieriger sind die großen Lügen. Einen oder mehrere Menschen zum Narren zu halten, um ihn oder sie auszunutzen, kann einfach nicht verantwortlich sein. Oder doch? Sagen uns Politiker vielleicht nur deshalb nicht die Wahrheit, um uns zu schonen? Versprechen sie uns das Blaue vom Himmel, damit wir die richtigen Wahlentscheidungen treffen? Werden wir womöglich aus lauter Verantwortungsgefühl andauernd belogen und betrogen? Könnten am Ende auch die Kirche, die Medien, die Banken und die Unternehmen nur unser Bestes wollen, wenn sie uns die Wahrheit ersparen?

Lassen Sie Ihr Kind darüber selbst urteilen. Ob es später lieber mit den Wölfen heulen oder Wölfe jagen wird, ist das Ergebnis eines langen Prozesses, der nicht entschieden wird, weil man die Lüge als solche verklärt oder verteufelt.

Ihre Leistung besteht nun darin, Ihrem Kind ein Gespür für das Grundproblem zu geben. Wenn es lügt, können Sie es dabei erwischen und zur Rechenschaft ziehen, oder aber die Lüge benutzen, um weitere Lügen zu provozieren. Sie haben viel erreicht, wenn Ihr Kind sich völlig in seinem Lügengebilde verstrickt hat und deshalb entnervt dem Lügen abschwört. Freuen Sie sich, denn der Zustand dauert nicht ewig. Lügen wird es immer geben, das ist eine universelle Wahrheit.

Deshalb hier nun ein paar Tipps, wie Sie es richtig machen.

Die vielleicht erfolgreichste Lüge der Weltgeschichte besteht im simplen Abstreiten eines Tatbestandes. Der Satz «Ich war das nicht» ist ein Evergreen. Wenn man beharrlich dabei bleibt, gänzlich und wirklich unschuldig zu sein, und nicht allzu viele Beweise gegen einen sprechen, hat man gute Chancen, mit dieser Lügenvariante durchzukommen, egal ob vor Gericht, in der Ehe oder auf dem Pausenhof.

Kniffliger, hinterhältiger und komplizierter ist die Variante: «Der war es!» Sie wird gerne genommen, um Geschwistern, Parteifreunden, Komplizen oder Geschäftspartnern eine Schuld in die Schuhe zu schieben, die man eigentlich selbst tragen müsste. Diese Variante zeugt nicht gerade von einem guten Charakter, aber Lügen ist ja schon an sich keine Tugend. Daher sollte man, was das angeht, keine falschen Skrupel entwickeln.

Womit wir endgültig bei den scharfen Geschützen angelangt wären: dem Ehrenwort, dem Schwur und dem juristisch bedeutungsvollen Eid. Wer alle und jeden «hoch und heilig» und «beim Augenlicht meiner Großmutter» anzulügen vermag, mit Ehrenwort, Meineid und dem ganzen Pipapo, der hat definitiv die höchste Stufe des Lügens erreicht und kann nun eine wichtige Person des öffentlichen Lebens werden.

Aber wer will schon so tief sinken? Also wir nicht. Ungelogen!

64. Zusammen zocken

Früher gab es im Wesentlichen zwei Arten von Spielern. Die einen trugen Abendkleider oder wahlweise Anzüge mit Krawatten und verjubelten ihr Geld an den Roulette- und Black-Jack-Tischen nobler Casinos. Die anderen tranken schon am helllichten Tage Alkohol und versuchten, die Daddelautomaten im Bahnhofsviertel auszunehmen. Entsprechend war das Image des Glücksspiels. Man hielt es entweder für eine dekadente Freizeitbeschäftigung oder für eine Begleiterscheinung des sozialen Abstiegs. Gesellschaftlich akzeptiert war lediglich die Ziehung der Lottozahlen – das langweiligste Glücksspiel auf der ganzen Welt.

Hätte es Internet und Privatfernsehen nie gegeben, würden wir Glücksspiele wohl auch heute noch für einen Zeitvertreib von Exoten und Arbeitslosen halten. Inzwischen ist genau dies Gewissheit. Prominente spielen vor laufenden Kameras Poker, im Internet konkurrieren diverse Sportwettenanbieter und nächtens buhlen TV-Sender um Anrufer, die mit viel Glück und wenig Wissen kleine Geldbeträge gewinnen können. Das Wort zocken hat seinen negativen Beigeschmack fast komplett verloren. Im Gegenteil, auch im richtigen Leben müssen wir manchmal zocken oder zumindest ziemlich abgezockt sein, um nicht den Anschluss zu verlieren.

Und Sie? Zocken Sie auch mal ganz gern? Gemeint sind hier übrigens nicht diese homöopathischen Glücksspiele, bei denen Sie aus Gründen der Geselligkeit ein paar Scheine im Wert eines netten Abendessens verlieren. Am Ende eines Zockerabends sollte ein relevanter Gewinn oder Verlust stehen. Im ersten Fall dürfen Sie das Geld sofort auf den Kopf hauen. Im zweiten Fall erleben Sie die kathartische Wirkung eines finanziellen Aderlasses, wie ihn sonst nur Kleinaktionäre erleben dürfen.

Damit wären wir auch schon bei Ihrem Kind. Wenn Ihr Nachwuchs sich reif genug wähnt für das Experiment eines Spieles, bei dem es um Geld geht, dann sollten Sie sich die Zeit nehmen, ihn ausführlich vor den damit verbundenen Gefahren zu warnen. Gut möglich, dass die Situation für Sie alles andere als brenzlig ist, es also beispielsweise nur um ein paar Runden Mau-Mau mit winzigen Einsätzen geht. Machen Sie Ihrem Kind trotzdem klar, dass nun materielle Werte über den Tisch gehen, mit denen es sich viele schöne Dinge kaufen kann, wenn es sie nicht verzockt – mit denen es zugegebenermaßen aber auch noch mehr schöne Dinge kaufen kann, wenn es den Einsatz verdoppelt oder vervielfacht. Wenn Sie das ausführlich kommuniziert haben, folgen hier nun die Regeln für Glücksspiele mit Ihrem Kind.

- Sie dürfen gerne aus strategischen Gründen verlieren und Ihrem Kind dadurch zeigen, dass Zocken durchaus eine lukrative Angelegenheit sein kann.

- Sie dürfen das Spiel auch ausgeglichen halten, um zu dokumentieren, dass Gewinnen und Verlieren sich im Leben oft die Waage halten.

- Sollten Sie verlieren und zu Ihrem eigenen Erstaunen den Zockerqualitäten Ihres Kindes machtlos gegenüberstehen, dann tragen Sie es mit Fassung. Vielleicht sitzen Sie einem künftigen professionellen Glücksspieler gegenüber. Lassen Sie das erst mal unkommentiert, vielleicht müssen Sie sich im Alter bei Ihrem Kind Geld pumpen.

- Sollte Ihr Kind verlieren, sich in die Sache hineinsteigern und versuchen, Verluste durch riskante Einsätze wieder hereinzuholen, dann dürfen Sie ihm ruhig sein gesamtes Erspartes abknöpfen, um so die Gefahren des Zockens zu unterstreichen.

Seien Sie im Falle der zuletzt beschriebenen Strategie konsequent und geben Sie Ihrem Kind den Spieleinsatz später nicht zurück. Vielleicht geben Sie ihm einen Vorschuss auf das Taschengeld der kommenden Woche, damit es nicht völlig blank dasteht. Die Erkenntnis Ihres Kindes, dass es gerade ein paar Luxusgüter verzockt hat, dürfen Sie ihm aber durchaus gönnen.

Sie sind unsicher hinsichtlich der richtigen Strategie? Bedenken Sie bitte, dass es nicht in Ihren Händen liegt, ob Ihr Kind später mal ein Milliardenvermögen verzockt und damit ganze Volkswirtschaften in Schwierigkeiten bringt oder ob es ehrenamtlich Therapiegruppen für Spielsüchtige leitet. Wie so vieles im Leben ist auch die Entwicklung Ihres Kindes in mancher Hinsicht nur bedingt steuerbar. Ein Glücksspiel eben.

65. Warten

Gute Neuigkeiten: Sie können Ihre Zeit nicht verlieren, höchstens vertun. Das geht ganz einfach: Wenn Sie mal wieder auf Ihr Kind warten und sich darüber ärgern, vertun Sie Ihre Zeit. Christophe André, der Autor von *Die Launen der Seele*, hat dazu Folgendes zu sagen: «Ich kann mit meiner Bewusstheit etwas anderes anfangen, als mich über das Warten zu ereifern. Gewiss ist die Ungeduld der abendländischen Menschen auch ein Fortschrittsfaktor gewesen. Aber unsere Weisheit hat nicht Schritt gehalten mit dieser Entwicklung; der Fortschritt hat die Oberhand über uns gewonnen und uns zu Sklaven gemacht.»

Der kann mich mal, dieser Herr André, mögen Sie jetzt vielleicht denken. Ich habe einfach keinen Nerv, stundenlang zu warten, kommt nicht in Frage! Mach hin, mir platzt gleich der Kragen!

Gut gebrüllt, Löwe. Das Dumme ist nur: Sie haben ein Kind. Oder gleich mehrere. Wie sehr Sie sich auch anstrengen, wie verzweifelt Sie auch aufbegehren – immer wieder müssen Sie sich mit Situationen abfinden, die Sie zum Warten zwingen. (Wie übrigens Ihr Kind. Das muss auch ständig warten. Auf Sie nämlich.)

Natürlich steht es Ihnen frei, sich ein komplettes Jahrzehnt über diesem Umstand die Haare zu raufen. Jeder, wie er mag. Sie können aber auch versuchen, Ihre Einstellung zu ändern, das Warten zu akzeptieren und Besseres damit anzufangen, als sich die Laune verderben zu lassen. Schöne Gedanken machen, zum Beispiel, die Augen schließen und das Gesicht in die Sonne halten, einem geliebten Menschen eine SMS schicken, das Radio aufdrehen und die Melodie mitsummen, sich darüber freuen, dass Ihr Kind sich schon allein die Schuhe binden kann (auch wenn es mal wieder etwas länger dauert), oder einfach nur: sein.

66. Etwas Einmaliges erleben

Für den einen ist es der historische Boxkampf «*Rumble in the Jungle*», den er im zarten Kindesalter mit seinem Vater oder Großvater zu nachtschlafender Stunde vor dem Fernseher verfolgt hat, für den anderen der Fall der Mauer. Jeder von uns meinte schon einmal, an einem einmaligen Ereignis teilgenommen zu haben, und hat das vermutlich auch. Jedenfalls sehnen wir uns ständig danach, dabei zu sein, wenn etwas Außergewöhnliches, Bewegendes oder auch besonders Schönes passiert – egal ob ein großes Sportereignis, das letzte Konzert oder gar historische Umwälzungen.

Wenn Leonhard Cohen ein vermeintlich letztes Mal auftritt oder Eminem und 50 Cent im Duett singen, wenn die deutsche Fußball-Nationalmannschaft ein wichtiges WM-Spiel bestreitet oder in irgendeinem nicht allzu fernen Land eine friedliche Revolution stattfindet, nicht selten wird es sich um Momente handeln, die weder Sie noch Ihr Kind jemals vergessen werden! Das heißt natürlich nicht, dass Sie ständig sämtliche Veranstaltungen im Umkreis von, sagen wir, tausend Kilometern im Auge behalten sollen oder können. Aber ein wenig Umsicht und Spontaneität sind schon gefragt, wenn Sie dabei sein und Ihrem Kind ein außergewöhnliches, gemeinsames Erlebnis bescheren wollen.

Ob Sie nun aufmerksam die Nachrichten verfolgen, sich informieren, wo welche besonderen Eröffnungen oder andere bewegende Ereignisse stattfinden, oder genauer überlegen, an welchem politischen Ereignis es sich teilzunehmen lohnt – die Möglichkeiten sind vielfältig. Auch wenn sich wahrlich außergewöhnliche Dinge eher selten ereignen. Ausdrücklich abgeraten sei an dieser Stelle davon, das Ganze erzwingen zu wollen. Wenn Sie mit Ihren Kindern trotz Schließung einer Skipiste meinen, den Hang dennoch bezwingen zu müssen, so ist das nicht erstrebenswert, sondern gemeingefährlich.

Ziel eines solchen Ereignisses sollte vielmehr sein, einen Moment gemeinsam zu erleben, der sich in Ihr sowie das Gedächtnis Ihres Kindes gleichermaßen eingräbt. Für ein kleineres Kind mag die Wachablösung vor dem Buckingham Palace oder das Entzünden eines besonders farbenprächtigen und lauten Feuerwerks an Silvester reichen. Sollte Ihr Nachwuchs dagegen bereits ein fortgeschrittener Teenager sein, wird das jedoch kaum genügen. Bei einem größeren Budget ist vielleicht Weihnachten in Bethlehem möglich, bei einem kleineren das Ende des Fastenmonats Ramadan in der örtlichen Moschee. So oft Multikulti noch für gescheitert erklärt werden mag, ein einmaliges Erlebnis stellt diese Erfahrung sicher dar. Es sei denn, Sie sind mit Ihrer Familie regelmäßig zu Gast bei derartigen Anlässen. Besondere Sportereignisse wie Leichtathletikfestivals, bei denen nicht allzu selten Weltrekorde vor den Augen eines begeisterten Publikums aufgestellt werden, bieten sich natürlich ebenfalls an.

Halten Sie den entscheidenden Moment mit Ihrem Kind gemeinsam fest. Sollten Sie ihn verpassen, schauen Sie einfach in die Augen Ihres Kindes. Unabhängig davon wird es Sie noch oft genug daran erinnern.

67. Ein Haus bauen

Das Bedürfnis des Menschen nach den eigenen vier Wänden ist so alt wie die Menschheit selbst. Ob diese Behauptung einer strengen wissenschaftlichen Überprüfung standhält, wissen wir nicht, doch wenn wir uns vor Augen führen, dass bereits unsere Vorfahren in der Steinzeit ihr Heim mit Wandmalereien schmückten, sind wir geneigt, es zu glauben. Auch vielen Tierarten scheint der Nestbau ein genetisch eingeschriebener Trieb zu sein. Füchse graben sich einen Bau, Eichhörnchen bauen sich ein Nest, nichts verteidigt ein Hund vehementer als sein Heim oder das, was er dafür hält. Selbst Zugvögel, die keine andere Wahl haben, als jedes Jahr aufs Neue um die halbe Welt zu fliegen, kehren bevorzugt in jenes Nest zurück, das sie sechs Monate zuvor verlassen haben.

Sehen wir es also als Urtrieb, als etwas, das stärker ist als wir. Dann verstehen wir nämlich auch, was es bedeutet, wenn unser Kind bereits mit zwei Jahren unbedingt aus Stühlen und einer darüber gebreiteten Decke seine erste Höhle bauen und am liebsten gleich darin schlafen will.

Seien Sie also dabei, helfen Sie mit und teilen Sie mit Ihrem Kind das Erlebnis der eigenen vier Wände. Was daran so spannend ist? Nun, oft bildet die Geschichte der eigenen vier Wände in ihren einzelnen Stationen die wachsende Selbständigkeit Ihres Kindes ab. Je autonomer es wird, desto autonomer werden die vier Wände sein, die es sich wünscht. Der ersten Höhle unter der Decke zwischen den Stühlen, in die Sie sich noch mit hineinquetschen mussten, wird bald schon der Wunsch nach einem im Zimmer aufgeschlagenen Zelt folgen. Das wird dann mit dem Lieblingskuscheltier geteilt, Besuche von Elternseite sind jedoch erwünscht. Für die Übernachtung des im Garten aufgeschlagenen Zeltes ist dann die beste Freundin oder der beste Freund der bevorzugte Partner. Sie dürfen dafür das abgelegte Kuscheltier Ihres Kindes mit ins Bett nehmen. Besuche der Eltern sind grundsätzlich gestattet.

Mit dem Baumhaus erreicht die Autonomie schließlich einen Grad, der Elternbesuche bestenfalls noch toleriert. Das Abendessen wird bevorzugt am Seil nach oben gezogen. Letzte Etappe: Der ausrangierte Wohnwagen in Opas Schrebergarten. Hier werden die ersten sexuellen Erfahrungen gesammelt und das erste warme Bier runtergewürgt. Termine für Eltern sind nur noch nach telefonischer Voranmeldung möglich. Tipp: Lassen Sie Ihrem Kind auf jeden Fall genug Vorlaufzeit, um eventuelle verdächtige Spuren zu beseitigen und einmal durchzulüften. Schließlich hätten Sie auch nicht gewollt, dass Ihre Eltern in Ihrem Wohnwagen herumschnüffeln.

68. Einen Berg besteigen

Um eines gleich vorweg zu klären: Ein Berg ist etwas weithin Sichtbares von beträchtlicher Höhe, mit einem Gipfel, der bei klaren Sichtverhältnissen von unten erkennbar ist. Gelangt man dort hinauf, ist die Luft kühler, das Licht heller und der Blick ein vollkommen anderer. Und: Ein Berg wird bestiegen. Das bedeutet nicht zwangsläufig, dass dafür Hilfsmittel wie Seile, Karabiner und Steigeisen vonnöten sind, doch wenn Sie ihn erlaufen oder hinaufspazieren können, ist es kein Berg. Der Killesberg in Stuttgart ist also kein Berg, ebenso wenig wie der Hang im Stadtpark, den Sie im Winter mit ihren Kindern hinabrodeln. Ein Berg verlangt uns Mühen ab, im Zweifel sogar beträchtliche. Manchmal sind sie so groß, dass Sie später davon sprechen werden, den Berg bezwungen zu haben.

Für unseren Zweck reichen müde Beine, schmerzende Schultern, weil die Trageriemen des Rucksacks eingeschnitten haben, und mindestens ein rechtschaffen erschöpftes Kind. Kurz bevor die Besteigung vollbracht ist, sollte unser größter Wunsch folgender sein: eine Hütte, die letzte, auf dem Gipfel, eine hausgemachte Fassbrause für unser Kind, für uns selbst erst ein Wasser, dann ein Bier, dazu ein Schnitzel oder auch nur eine Käsestulle mit Gurke, die Schuhe ausziehen und die nackten Füße in der Abendsonne baden. Unser Kind ist möglicherweise seit einiger Zeit selbst mit aufmunternden Rufen nicht mehr bei Laune zu halten und macht den Aufstieg nur deshalb bis zum Ende mit, weil umzukehren eine noch größere Anstrengung bedeuten würde, als die restlichen Höhenmeter zu erklimmen. Vielleicht fühlt es sich sogar betrogen und hat uns bereits mehrfach lebenslang die Freundschaft gekündigt.

Falls dem so ist, sollten Sie versuchen, sich in Gelassenheit zu üben. Bereits wenige Tage nach dem Abstieg wird Ihr Kind wieder

mit Ihnen reden, und spätestens nach einer Woche wird es seinen Freunden mit stolz geschwellter Brust davon erzählen, wie es sich auf den Berg hinaufgekämpft hat. «Dann war da dieses Käsebrot, und das war sooo lecker, und die Füße haben mir so was von wehgetan, und es gab Bergziegen, und dann diese Aussicht, nach allen Richtungen, so weit, wie man sonst nie gucken kann, und alles von oben! Wenn wir mit dem Auto auf den Gipfel hätten fahren können, wäre die Aussicht bestimmt nicht dieselbe gewesen.»

Ein Tipp zum Abschluss: Falls Sie das Erlebnis für sich und Ihr Kind vertiefen wollen, planen Sie eine Hüttenübernachtung ein und wählen Sie eine Nacht, in der es viele Sternschnuppen zu sehen gibt. Denn so nah wie auf einem Gipfel kommt man den Sternen nicht oft im Leben, und wenn es mit dem Wünschen funktionieren soll, dann wahrscheinlich am besten dort.

69. Geborgenheit erleben

Kinder brauchen Geborgenheit. Logisch. Eigentlich bräuchte man über dieses Thema kein Wort zu verlieren. Doch was genau ist eigentlich Geborgenheit? Wie fühlt sie sich an? Kann man sich allein geborgen fühlen, oder braucht man dazu einen anderen Menschen? Ändert sich das Gefühl der Geborgenheit, wenn man älter wird? Und falls ja, wie unterscheidet es sich dann vom ursprünglichen, also vom kindlichen Gefühl?

Klingt das jetzt nach Haarspalterei? Was wäre, wenn Menschen die höchsten Berggipfel erklimmen und die tiefsten Tiefseen ertauchen, nur weil sie Geborgenheit suchen?

Es gibt Psychologen, die behaupten, dass wir unser Leben lang nach einem Ort oder einem Menschen Ausschau halten, der uns das Gefühl der kindlichen Geborgenheit zurückgeben kann. Wir sehnen uns also nach dem Urvertrauen des Kindes in uns, dem Gefühl, dass uns jetzt gerade nichts passieren kann. Dieses Verweilen im Augenblick ist ein Moment großer innerer Ruhe, Entspannung und Zufriedenheit.

Kinder erleben diesen Zustand häufiger. Manchmal verlieren sie sich glücklich in einem Spiel, manchmal auch in der Betrachtung eines Sonnenstrahls. Solche buddhistisch anmutenden Meditationsleistungen haben die meisten Erwachsenen längst verlernt. Aber keine Sorge, jeder bekommt eine zweite Chance.

Sie dürfen mit Ihrem Kind die vielfältigen Erscheinungsformen der Geborgenheit studieren. Finden Sie heraus, wo und wann Ihr Kind sich geborgen fühlt. Fragen Sie sich, wie es bei Ihnen ist, wie und wo Sie sich geborgen fühlen. Nebenbei gefragt: Wann haben Sie sich eigentlich zuletzt geborgen gefühlt?

Geborgenheit ist ein sehr individuelles Gefühl. Beobachten Sie

Ihr Kind. Wann und wo wirkt es glücklich und entspannt, selbst in der größten Unruhe? Liebt es die Einsamkeit der Spielecke? Oder baut es eine Höhle in seinem Zimmer und will dort mit Ihnen kuscheln? Oder zieht es Ihr Kind gar in die Natur? Vergisst es die Welt um sich herum bei der Betrachtung von Blumen und Bäumen? Braucht es also Rückzug oder Gesellschaft? Fühlt es sich in der Bewegung geborgen oder in der Ruhe? Liebt es Wärme oder Kälte? Den Winter oder den Sommer?

Wenn Ihr Kind beispielsweise das Wasser liebt, dann kann ihm schon ein Bad das Gefühl von Geborgenheit geben – und zu einem Ritual werden, das die Kindheit überdauert. Im Grunde geht es um vermeintlich banale Situationen, die Ihr Kind, wenn es Angst hat oder sich einsam fühlt, selbst herstellen kann, unabhängig von Ihnen oder anderen Menschen. Situationen, die es Ihrem Kind ermöglichen, mit seinem Urvertrauen und dem Gefühl der Geborgenheit in Kontakt zu kommen. Vielleicht wird es später ein seinem Alter und seiner aktuellen Lebenssituation entsprechendes neues Ritual finden. Wichtig ist nur, dass es im Kindesalter Geborgenheit als einen inneren Schutzraum erlebt, den man jederzeit betreten kann, wenn die Welt zu laut, zu wüst oder zu hektisch ist. Es ist also einer jener magischen Räume, die einem nur dann Schutz bieten, wenn man sie nicht verschließt.

Sollten Sie als Eltern feststellen, dass Ihnen das kindliche Gefühl der Geborgenheit abhandengekommen ist, so dürfen Sie die Suche nach Schutzritualen für Ihr Kind gerne zum Anlass nehmen, sich Ihren eigenen Wunsch nach Geborgenheit zu vergegenwärtigen. Wenn es von den Sozialsystemen über die Arbeitsplatzsicherheit bis hin zur Währungsstabilität kaum noch Dinge gibt, die Kontinuität versprechen, ist es umso wichtiger, private Rückzugsräume zu schaffen. Das heißt selbstredend nicht, dass Sie eine Dauerarbeitslosigkeit oder eine Privatinsolvenz wegkuscheln können. Manchmal hilft es aber, die Beine hochzulegen und gar nichts zu tun, statt in Panik zu verfallen. Kann man ja immer noch …

70. Von sich erzählen

Zugegeben: Der Topos wird seit Jahrzehnten in Film und Fernsehen derart strapaziert, dass sich bei vielen beim Gedanken daran sofort Ermüdungsanzeichen einstellen. Vater und Sohn, Opa und Enkel, Mutter und Tochter, vorzugsweise am Lagerfeuer, auf einem Bootssteg oder der Bettkante im Kinderzimmer, das Elternteil holt tief Luft und beginnt einen Satz folgender Art: «Weißt du, als ich das erste Mal Liebeskummer hatte …»

Die anschließende Anekdote ist dann in der Regel mit einer Lebensweisheit gespickt, die dem Kind hilft, die Unbill der Gegenwart zu meistern und ihm den Weg in eine glückliche Zukunft zu ebnen. Nun, ganz so bedeutsam muss sich das bei Ihnen nicht zutragen, denn eigentlich geht es auch gar nicht um die große Lehre fürs Leben.

Beginnen wir ganz von vorn: Im Normalfall sind die eigenen Eltern für ihr Kind nicht wegzudenken. Seit die Welt angefangen hat zu existieren, nämlich seit der Geburt des Kindes, waren sie da, sozusagen ein integraler Bestandteil seines Lebens. Lange werden Sie als Eltern im Verständnis Ihres Kindes auch erst mit der bewussten Wahrnehmung desselben angefangen haben zu existieren. Ein Verbundsystem, stabverleimt sozusagen. Dieses Empfinden Ihres Kindes werden Sie eines Tages mit einem gleichermaßen unscheinbaren wie unvermeidlichen Satz das Fundament zertrümmern. Dieser Satz lautet in etwa so: «Das hab ich gemacht, lange, bevor du auf die Welt gekommen bist.» Jetzt ist es raus: Sie haben bereits vor Ihrem Kind existiert, ein eigenes Leben gehabt, ohne es. Das Verbundsystem ist als Illusion entlarvt. Die Welt ist nicht untrennbar mit Ihrem Kind verwoben, sondern ist … eine Kette ineinandergreifender Teile. Werden und Vergehen. Unglaublich!

Eine Folge dieser Erkenntnis wird möglicherweise das wachsende Interesse Ihres Kindes daran sein, mehr über Ihr früheres Leben zu erfahren, zu begreifen, wie das war, Anteil an Ihren Erlebnissen zu nehmen und zu verstehen, wer Sie eigentlich sind.

Jeder, der Kinder hat, weiß, dass ein Kind bereits jemand ist, wenn es auf die Welt kommt, dass es ein eigenes Wesen, individuelle Bedürfnisse und Eigenschaften hat. Seit Jahrzehnten wird disziplinübergreifend darum gerungen, wie viel von uns vorprogrammiert, also genetisch eingeschrieben, und wie viel erworben, also variabel ist. Ohne über Prozentwerte streiten zu wollen, kann man feststellen, dass unsere Biographie einen wesentlichen Teil von uns ausmacht, dass wir sozusagen ein Produkt unserer Biographie sind. Wenn Ihr Kind also verstehen soll, wer Sie eigentlich sind, werden Sie Ihre Vergangenheit bemühen müssen, und zwar unabhängig davon, ob diese Vergangenheit ein hübsches Nähkästchen oder die Büchse der Pandora ist.

So, jetzt wird es spannend, und zwar nicht nur für Ihr Kind. Wer sind Sie wirklich? Was hat Sie zu dem Menschen gemacht, der Sie heute sind? Welche Erlebnisse haben Sie geprägt? Welche Abenteuer sind unvergessen? Triumphe, Niederlagen, Verlust, Scham, Freude, Angst, Euphorie …

Ihr Kind wird es wissen wollen. Zu Recht.

71. Kompromisse finden

Kompromisse sind nicht grundsätzlich faul – aber meistens. Wenn man extrem unterschiedliche Standpunkte unter einen Hut bekommen möchte, dann bleibt es nicht aus, dass am Ende keiner der Beteiligten mit dem Ergebnis so richtig zufrieden ist. Politiker können ein Lied davon singen. Wie beispielsweise soll man Menschen, die sich für den Ausbau von Atomkraftwerken starkmachen, mit jenen versöhnen, die Atomenergie rundweg ablehnen? Ein perspektivischer Atomkraftausstieg macht beide Interessengruppen gleichermaßen glücklich wie unglücklich. So sieht typischerweise ein fauler Kompromiss aus.

Dennoch gilt Kompromissbereitschaft als wichtige demokratische Tugend. Tagtäglich schließen wir Kompromisse, in der festen Überzeugung, dass unser Zusammenleben anders nicht funktionieren würde. Und das stimmt auch. Wobei wir es vielleicht manchmal übertreiben. Warum muss beim kleinsten Streit gleich ein Kompromiss auf den Tisch? Wieso kann man nicht gegensätzliche Meinungen zumindest eine Weile nebeneinander existieren lassen? Warum geht unsere Kompromissbereitschaft so weit, dass wir sogar faule Kompromisse mit uns selbst aushandeln? Etwa indem wir beschließen, zwar keinen umweltfreundlichen Wagen anzuschaffen, diesen aber dafür öfter mal stehen zu lassen.

Kinder sind von Natur aus absolut kompromisslos. Ihre Bedürfnisse sind nicht diskutabel und müssen erstens sofort und zweitens vollumfänglich befriedigt werden. Und damit basta. Es bedarf schon einer gewissen Dressur, um ihnen beizubringen, dass sie ihre Bedürfnisse auch mal zurückstellen müssen. Gewöhnlich geschieht das, indem man Kinder lobt oder anderweitig dafür belohnt, dass sie Kompromisse eingehen. Aber ist das der richtige Weg? Im Grunde findet niemand Kompromisse erstrebenswert, weil sie, wie oben beschrieben, nie völlig befriedigend sind. Warum behaupten wir unseren Kindern gegenüber dennoch das Gegenteil? Einerseits wohl aus Angst, dass sie eine zu geringe Sozialkompetenz entwickeln könnten. Andererseits aber vielleicht auch, weil kompromissbereite Kids uns das Leben erleichtern.

Vermitteln Sie Ihrem Kind trotzdem, dass Kompromisse nicht automatisch notwendig sind, wenn es zu Konflikten kommt. Im Gegenteil, erst wenn sich in einem Konflikt die Probleme derart zugespitzt haben, dass jegliche Diskussion darüber zum Erliegen kommt, ist es ratsam, über einen Kompromiss nachzudenken. Konkret heißt das, wenn sämtliche Angestellte einer Firma die Arbeit niederlegen, sollte die Geschäftsleitung über einen Kompromiss nachdenken, wenn es dagegen nur einer tut, besteht im Normalfall noch kein Grund dazu.

Kompromisse sind also prinzipiell wichtig und sinnvoll, allerdings gibt es auch Situationen, in denen man sich schlicht durchsetzen darf. Die Suche nach einem Kompromiss müssen Sie Ihrem Kind also nicht als reflexhafte Reaktion auf Konflikte antrainieren. Das geschieht, indem Sie selbst Kompromissangebote machen, jedoch auf Sanktionen verzichten, wenn Ihr Kind mal nicht auf Ihr Angebot eingeht. Beispielsweise soll es zwar noch fernsehen dürfen, danach aber gleich schlafen. Ihr Kind beharrt jedoch darauf, trotz des Fernsehens noch eine Geschichte vorgelesen zu bekommen. Diskutieren Sie die Sache aus, aber geben Sie sich am Ende geschlagen. Ihre Position macht es letztlich immer möglich, Kompromisse zu erzwingen. Wenn Sie das auch mal nicht tun, wird ihr Kind verstehen, dass ein Kompromiss nicht grundsätzlich die beste aller Lösungen ist.

Sie befürchten, Ihr Kind könnte dadurch zur Kompromisslosigkeit tendieren? Die Sorge ist unbegründet, sofern Sie Kompromisse weder verteufeln noch als alleiniges Modell der Konfliktbewältigung darstellen.

Nebenbei bemerkt haben wir die wichtigsten Errungenschaften der modernen Welt Menschen zu verdanken, die im richtigen Moment eine gewisse Kompromisslosigkeit an den Tag gelegt haben. Das ist nicht verwunderlich, weil der kleinste gemeinsame Nenner meist den Status quo festigt. Wer etwas verändern will, kann daher nicht immer nur nett und kompromissbereit sein.

72. Digitalfasten

Diese Aufgabe wird vielen Eltern und einer noch größeren Anzahl von Kindern das Äußerste, wenn nicht gar Unmögliches abverlangen. Ein gewisser Abenteuerfaktor ist also garantiert. Zunächst aber Entwarnung: Digitalfasten bedeutet nicht, dass Sie der Selbstfindungsindustrie Ihr hart verdientes Geld in den Rachen werfen sollen, um Seminare zum Thema Entschleunigung und dergleichen zu besuchen. Ebenso wenig meint es, dass Sie Ihre Lebensqualität dadurch verdoppeln sollen, dass Sie mit bloßen Händen einen Hektar Wald umgraben. Wenn Ihr Leidensdruck so groß ist, dass Sie glauben, Ihr gesamtes Leben neu ausrichten zu müssen, dann ist das vorliegende Büchlein nicht das richtige für Sie. Digitalfasten bedeutet in unserem Fall nämlich: sich etwas bewusst machen.

Werfen wir zu diesem Zweck zunächst einen kurzen, schüchternen, leicht irritierten Blick in die eigene Kindheit zurück. Wie sah die Welt, sagen wir mal, in den Siebzigern aus – als der frisch erfundene Farbfernseher im Drei-Programme-Deutschland noch wie ein Goldenes Kalb verehrt wurde, als es noch kein Internet gab, keine tragbare Musik, als Telefonhörer ausschließlich schnurgebunden zu finden waren? Voll gruselig!, mögen die Kinder von heute jetzt denken – und viele Erwachsene vielleicht auch.

Als die analogen Raupen, als die wir uns fühlten, haben wir uns innerhalb einer Generation in einen Kokon aus digitaler Hard- und Software eingesponnen, der aus uns schillernde Schmetterlinge machen soll. Ob uns das gelungen ist oder gelingen wird, sei dahingestellt. Fakt ist: Wir sammeln virtuelle Freunde, führen virtuelle Leben, sind rund um die Uhr vernetzt, wollen ständig erreichbar sein und erreicht werden. Was für uns gilt, das gilt für unsere Kinder erst recht: Wenn sie sich miteinander verabreden, dann nicht länger auf dem Abhang hinter dem Bahndamm, sondern auf Facebook, Schüler- und StudiVZ.

Bevor Sie das nun Ihren Kindern übel nehmen, hier zunächst ein kleiner Selbsttest: Wie lange gelingt es Ihnen, keine E-Mails zu checken und nicht Ihre Facebook-Seite einzusehen? Wann stellt sich das erste Kribbeln, die erste Nervosität ein? Nach einem Tag? Nach drei? Nach einer Woche? Oder bereits nach zwei Stunden?

Jetzt sollten Sie Folgendes bedenken: Ihr pubertierendes Kind erlebt diese Angst, etwas Entscheidendes zu versäumen oder im Handumdrehen vom Rest der Welt vergessen zu werden, und das potenziert sich. Machen Sie sich außerdem klar, dass die virtuelle Welt, in der wir uns bewegen, nicht selten ein analoges Vorbild in der realen Welt hat oder zumindest hatte. Im Unterschied zur nachfolgenden Generation haben wir allerdings analoge Freunde, Spiele, Musikträger und Briefe kennengelernt, bevor uns die digitalen Pendants erreichten. Bei den Kindern von heute verhält es sich nicht selten umgekehrt. Die haben nie jemanden mit der Hand einen Brief schreiben sehen, und dass ein Brettspiel mal waagerecht und aus Holz gefertigt auf dem Tisch lag, bevor es sich in die Senkrechte aufschwang, um als Pixelkompott auf einem Bildschirm Pirouetten zu drehen, ist für viele ebenfalls Neuland.

Gruseln wir uns also ein bisschen! Ziehen wir (altdeutsch gesprochen) den Vernetzungsstecker und schauen, was passiert. Achtung: Insbesondere bei Kindern können sich starke Entzugserscheinungen einstellen. Gesteigerte Nervosität, Überreiztheit, Juckreiz, durch mangelnden Input hervorgerufene Schlaflosigkeit, dazu eine latent aggressive Grundstimmung, Tränen, Verzweiflung, Flehen. Sie werden Zeugen davon, wie sich Ihre abwesenden, ohrverstöpselten, auf den Touchscreen fixierten Kinder in ausgesprochen anwesende, entschärfte Sprengsätze verwandeln, die durch ein unbedachtes Wort zur Detonation gebracht werden können.

Sollte Ihnen dieses Wagnis zu groß erscheinen, können Sie es zunächst mit einem langsamen Entzug versuchen. Beginnen Sie mit einem Abend, bevor Sie sich auf ein Wochenende oder gar drei Wochen am Stück einlassen. Bleiben Sie nach dem Essen einfach einmal alle am Tisch sitzen. Gelingt es Ihnen, Blickkontakt zu Ihrem Kind aufzunehmen? Gut. Als Nächstes erinnern Sie sich gemeinsam daran, was die Menschen früher miteinander gemacht haben. Helfen Sie Ihrem Kind ruhig auf die Sprünge: miteinander reden? Etwas spielen – Tischtennis, Schach, Malefiz? So richtig mit Figuren und anfassen und so?

Spätestens jetzt merken Sie: Das wird nicht einfach. Doch geben Sie nicht auf. Vertrauen Sie darauf, dass auch ohne Ihren heutigen Blog-Eintrag die Sonne morgen wieder aufgehen wird. Zugegeben: Der Ausgang dieses Selbstversuchs ist ungewiss, doch um sich selbst wirklich zu überraschen, bedarf es nun einmal des Aufbruchs ins Unbekannte.

Eines noch: Wann wissen Sie, dass es Zeit ist, mit Ihrem Kind eine Digitalfastenkur einzulegen? Hier drei mögliche Indizien: 1.) Wenn Ihr Kind nach einer Seilbahnfahrt auf die Zugspitze beim Blick des Gipfels ausruft: «Hey, das ist ja mein Windows-Hintergrundbild!» 2.) Wenn Ihr Kind beim Gang durch den Stadtpark den Gesang einer Nachtigall hört und Sie auffordert, ans Handy zu gehen, weil es derartige Geräusche nur als Klingelton kennt. 3.) Wenn Ihr Kind Sie bei der Beerdigung Ihrer Mutter fragt: «Wie isssn jetz Omas Status bei Facebook – offline?»

73. Aus Jux herumrasen

Im Jahre 1830 stellten die Ingenieure George und Robert Stephenson mit einer Dampflokomotive namens *The Rocket* einen Geschwindigkeitsrekord auf. «Die Rakete» jagte beim Rennen von Rainhill mit einer für die damalige Zeit unglaublichen Geschwindigkeit von achtundvierzig Stundenkilometern durchs Ziel. «Blanker Wahnsinn», urteilte die Presse. Eher würden sich Menschen in einer Rakete auf den Mond schießen lassen, als in solchen Höllenmaschinen zu reisen. So kam die Lok zu ihrem Spitznamen.

Was würden die damaligen Pressevertreter wohl sagen, wenn sie heutigen Achterbahnen gegenüberstünden? Die Journalisten sähen Schienenfahrzeuge, die eine Strecke von ein- bis zweitausend Metern mit ein- bis zweihundert Stundenkilometern in wenigen Minuten, manchmal sogar in weniger als einer Minute, zurücklegen. Vermutlich würden einige von ihnen schlicht ohnmächtig werden.

Ist Ihnen schon mal aufgefallen, dass viele Eltern lieber das Eis für ihr Kind halten, statt es auf einer Achterbahnfahrt zu begleiten? Falsche Bescheidenheit? Oder finanzielle Gründe?

Konservative Pressevertreter und Eltern scheinen vielmehr einen Heidenrespekt vor schnellen und lauten Vehikeln zu haben, besonders wenn sie von Jahr zu Jahr lauter und schneller werden. Tatsächlich hat es im Bereich der sogenannten Fahrgeschäfte in den letzten zwanzig Jahren beängstigende Innovationen gegeben. Klar gibt es immer noch den Autoscooter, die Berg-und-Tal-Bahn, besser bekannt als «Raupe» oder «Musik-Express», sowie die gute alte, schauerlich langweilige Geisterbahn. Daneben werden jedoch all jene Attraktionen beständig aufgerüstet, die in irgendeiner Weise mit Geschwindigkeit zu tun haben.

Ist Ihr Kind den niedlichen und beschaulichen Rummelattraktionen entwachsen, dann müssen andere Nervenkitzel her. Verständlich, dass Sie keine Lust darauf haben, Ihre Freizeit in Geräten zu verbringen, die Ihren Adrenalinspiegel steigen und die Lust auf feste Nahrung sinken lassen. Wären Sie gern durch die Gegend geschossen oder geschleudert worden, hätten Sie schließlich eine Astronautenausbildung gemacht. Tatsächlich sind einige Wissenschaftler der Ansicht, dass man für manche der Attraktionen in Vergnügungsparks die Kondition von Spitzensportlern haben sollte. Mit dem Argument, es könnte Ihnen schwarz vor Augen werden, dürfen Sie sich also auch in Zukunft den Nervenkitzel moderner Fahrgeschäfte getrost ersparen. Die Frage ist: Warum eigentlich?

Wenn nicht gravierende gesundheitliche Gründe vorliegen, dann schenken Sie Ihrem Kind ruhig den Moment gemeinsamer Panik, wenn sich die Bahn zum Looping aufschwingt. Wer weiß? Vielleicht gefällt es Ihnen ja sogar. Vielleicht können Sie anschließend gar nicht genug bekommen von Riesenschaukeln, Riesenrädern und Riesenachterbahnen. Sollte das nicht der Fall sein, dann haben Sie zumindest Ihren guten Willen gezeigt. Es mag durchaus sein, dass Extremfahrgeschäfte für Sie nicht das Richtige sind – was Sie im Zweifelsfall mit einem zünftigen Kreislaufkollaps unter Beweis gestellt haben. Aber die harmloseren Fahrgeschäfte, also mittelschnelle Achterbahnen ohne Schikanen, können Sie trotzdem mit Ihrem Kind gemeinsam fahren. Solange Sie nicht auf Autoscooter und anderem Babykram beharren, wird es Ihrem Kind recht sein.

Übrigens sind Angstforscher der Überzeugung, dass man sich seinen Ängsten stellen sollte. Wer keine kalkulierbaren Risiken eingeht, wird irgendwann jedes Risiko scheuen. Wenn Ihnen die rasante Achterbahn also viel zu schnell ist, könnte das damit enden, dass Sie irgendwann selbst das Kinderkarussell, das sich im Schritttempo dreht, für eine Höllenmaschine halten. Das wäre insofern schade, als Sie sich und Ihr Kind damit womöglich um einige schöne Erfahrungen bringen. Am Eingang des London Eye beispielsweise, Europas mit einer Höhe von rund einhundertsechsunddreißig Metern größtem Riesenrad, kann man eine Menge Menschen dabei beobachten, wie sie sich von ihrem inneren Schweinehund besiegen lassen. Wer sich dagegen in luftige Höhen traut, bekommt einen Blick auf London geschenkt, der einem den Atem verschlägt. Was sind im Vergleich dazu schon ein Paar weiche Knie?

74. Ans Meer fahren

Es soll Menschen geben, die das Meer noch nie mit eigenen Augen gesehen haben. An einen Badesee zu fahren, hat zwar auch etwas für sich. Und falls der See so groß sein sollte, dass man das andere Ufer nicht sehen kann, dann ist man zumindest schon mal fast am Meer gewesen. Aber eben nur fast.

Das Meer ist etwas anderes, etwas ganz Besonderes. Es ist unruhig und sanft, kann Wogen glätten und hohe Wellen schlagen. Es ist launisch. Können Sie sich noch erinnern, was Ihr erster Eindruck war, als Sie am Ufer eines Meeres standen? War es nicht furchtbar geheimnisvoll einerseits und vielversprechend andererseits? Haben Sie sich damals auch überlegt, welches ferne Land wohl am anderen Ufer liegt? Wenn Sie in Spanien am Meer standen, haben Sie sich womöglich gefragt, wie weit es bis nach Afrika ist. Von der Meerenge von Gibraltar aus kann man den anderen Kontinent sogar sehen, und zwar sehr gut. Interessanter ist es natürlich, wenn man nichts sieht – nichts, außer Wasser.

Genau diese Erfahrung wollen Sie Ihrem Kind doch nicht vorenthalten, oder? Gemeinsam macht es ohnehin am meisten Spaß, daher: Auf geht's.

Nicht umsonst finden die philosophisch angehauchten Szenen in Filmen oft am Meer statt. Wer von uns hat sich beim Anblick des unendlich wirkenden Meeres noch nicht zu philosophischen Betrachtungen inspirieren lassen? Vielleicht hat es ebenfalls mit der erhabenen Größe des Meeres zu tun, dass Strandtage manchmal endlos zu sein scheinen. All dies bietet ausreichend Anlass, mit Ihrem Nachwuchs ins Gespräch zu kommen, und zwar über dieses und jenes.

Wenn Ihr Kind noch etwas kleiner ist, können Sie Sandburgen

bauen oder mit ihm schwimmen lernen, mit dem Ball herumtollen oder am Ufer im Wasser spielen. Jugendliche verausgaben sich nicht nur gern körperlich beim Schwimmen oder bei einer der vielen Sportarten, die man am Meer betreiben kann. Sie nutzen die aphrodisierende Wirkung von Sonne, Sand und Wasser auch gern zum Anbandeln. Man kann es ihnen nicht verdenken, denn selbst im fortgeschrittenen Alter gilt das Meer vielen Menschen als Fluchtpunkt. Ein Strandhaus oder ein Segelboot ist eine Insignie dafür, dass jemand es auf die Sonnenseite des Lebens geschafft hat.

Sollte Ihnen das bislang nicht vergönnt gewesen sein, können Sie immer noch auf Ihr Kind hoffen. Ob beim Sandburgen-Bauen oder beim Beachvolleyball – Sie haben nun das Interesse Ihres Kindes für das Meer geweckt. Sollte Ihr Nachwuchs mal Geld für ein Strandhaus übrig haben, dann dürfen Sie ihm ja vielleicht beim Einrichten helfen.

75. Schach spielen

Sie sollen mit Ihrem Kind Schach spielen!? Was ist denn das für eine verschnarchte bildungsbürgerliche Ansage?

Sagen wir mal so: Vielleicht ist Schach eine nette Abwechslung zu der Zombie-Killerei im Internet. Mühle, Dame und Backgammon sind das übrigens auch. Aber hier soll es ausschließlich um Schach gehen – weil es so schön *old fashioned* ist, dass es schon wieder Spaß macht. Wie sagte einst Oscar Wilde? «Wir liegen alle in der Gosse, aber manche von uns blicken zu den Sternen.» Warum also nicht schon in frühen Jahren nach den Sternen greifen und Ihr Kind in eines der komplexesten Spiele einführen, das die Menschheit je hervorgebracht hat? Vorausgesetzt natürlich, dass Sie diesem Spiel etwas abgewinnen können.

Es ist jedenfalls leichter, als man denkt, ein Kind für das Schachspiel zu begeistern. Wählen Sie dazu möglichst ein phantasievoll gestaltetes Brett, dessen Figuren die Neugier Ihres Kindes wecken. Erklären Sie ihm zunächst die Aufteilung des Feldes und danach die Bedeutung sowie das Wirkungsfeld der einzelnen Figuren. Gehen Sie das Ganze ruhig spielerisch an, es wird später noch kompliziert genug. Wenn Ihr Kind einen ersten Überblick über das Geschehen gewonnen hat (was nicht allzu sehr ausgedehnt werden sollte, da sonst Frustration droht), legen Sie langsam los. Beschließen Sie jeden Zug gemeinsam, den eigenen wie den des Kindes. Erklären Sie Ihrem Nachwuchs in aller Ruhe, warum Angriff nicht immer taktisch klug ist und warum jede einzelne Figur ihren Wert hat, auch der inflationär aufgestellte Bauer. Schließlich kann diese ob ihrer Masse so unbedeutend wirkende Figur am Ende des Tages durchaus ein Spiel entscheiden.

Wichtig ist, dass Sie sehr viel Geduld aufbringen und Schritt für

Schritt vorgehen, ansonsten wird Ihr Kind bald die Flinte ins Korn werfen. Versuchen Sie nach einigen Partien, Ihrem Kind zu erklären, warum dieses Spiel es erfordert, weiter zu denken als nur bis zum nächsten Zug. Legen Sie sich Hinweise und Beschreibungen zurecht, um Ihren jungen Mitspieler darauf aufmerksam zu machen, dass es beim Schach um sehr viel Strategie und perspektivisches Denken geht.

Nicht zuletzt handelt es sich auch um ein Spiel der Ruhe, einen Denksport, bei dem man ziemlich bald auf sich allein gestellt ist. Und bitte, nehmen Sie die ersten Wutausbrüche Ihres Sprösslings gelassen, schließlich war es auch für Sie ein weiter Weg, dieses Spiel wertschätzen zu lernen.

Ach so, wenn Ihr Kind künftig häufiger über dem Schachfeld hockt und neue Züge austüftelt, dann nutzen Sie in der Zwischenzeit den freien Computer, um ein paar Zombies abzuknallen. Das ist laut wissenschaftlicher Studien nämlich gut fürs Gehirn. Und macht fast genauso viel Spaß wie Schach.

76. Einander Briefe schreiben

Wir leben in einer kurzlebigen Zeit. Von Jahr zu Jahr werden wir ungeduldiger und haben es eiliger. Etwa alle vierundzwanzig Monate verdoppelt sich die Rechengeschwindigkeit unserer Computer, eine einzige rote Ampel auf der Strecke quer durch die Stadt ist bereits ein persönlicher Angriff, wie Heilsbringer verehren wir handtellergroße elektronische Geräte, weil wir mit ihnen an jedem Ort der Welt gleichzeitig telefonieren, unsere E-Mails abfragen, Fotos und Filme machen und die Bilder auch gleich verschicken können. Multitasking nennt sich das.

Es ist etwa gefühlte zehn Jahre her, da sprang dieser Begriff wie eine Zauberformel aus der Kiste, und seither hält er die Welt fest im Würgegriff. Wer nicht multitaskingfähig ist, ist im besten Fall den Anforderungen der modernen Gesellschaft nicht mehr gewachsen oder hat bereits, ohne sich dessen bewusst zu sein, ausgedient. Ein durchschnittlicher Achtklässler ist mühelos in der Lage, gleichzeitig Musik zu hören, sich zu unterhalten, einen Teller Nudeln zu essen und in der Manier eines Schachgroßmeisters an einem Dutzend «Bretter» zu chatten, während im Hintergrund der Fernseher läuft.

Anders sieht es beim Singletasking aus. Sich einmal wirklich mit nur einer Sache zu befassen, verlangt vielen Menschen schier Unmögliches ab. Über unsere Fähigkeit zum Multitasking verkümmert unsere Fähigkeit zum Singletasking. Das muss man nicht zwingend beklagen, doch sich hin und wieder darauf einzulassen, kann zweifellos helfen, unseren Horizont zu erweitern. Gelegentlich erwartet uns sogar ein echtes Abenteuer. So zum Beispiel, wenn man einen Brief schreibt.

Nein, eine E-Mail ist kein Brief. Entschuldigung. Auch hat ein Brief nichts damit zu tun, im Sekundentakt von Chatroom zu Chatroom zu springen, Buchstabenkürzel aneinanderzureihen und sie mit blinzelnden Smileys zu spicken. Einen Brief zu schreiben erfordert mehr von uns: sich darauf einlassen. Zeit nehmen. Reflexion. Nachdenken. Starker Tobak, zugegeben, doch wer nicht wagt, der nicht gewinnt. Einen Brief zu schreiben bedeutet, jemanden an seinem Leben teilhaben zu lassen. Nicht gleich eine ganze Gemeinschaft wie bei Facebook oder Twitter, sondern einen ganz bestimmten Menschen. Ein Brief ist etwas Persönliches. Wenn wir einen Brief bekommen, hat jemand (wahrscheinlich eine geliebte Person) an uns gedacht. Und sie hat darüber nachgedacht. Eine Wahnsinnsangelegenheit.

«Komm, wir schreiben der Oma einen Brief.»

«Hm.»

«Keine Lust?»

«Nö.» Pause. «Doch, schon.» Pause. «Weiß nicht.»

«Was weißt du nicht?»

«Was soll ich ihr denn schreiben?»

«Überleg doch mal: Was möchtest du ihr denn gerne schreiben?»

Kind überlegt. Kann dauern. Dann: «Na, dass ich gestern beim Fußball ein Tor geschossen habe! Und dass ich neue Schuhe habe, mit Stollen.»

«Also los, hier ist der Stift.» Sie setzen sich gemeinsam an den Tisch. Bald schon hat sich eine ganze Seite gefüllt.

Was ebenfalls zum Briefeschreiben gehört: falten, eintüten, anlecken, zukleben, außerdem Adresse und Absender, eine Briefmarke sowie ein gelber Kasten, in dem der Umschlag verschwindet. Machen Sie das alles mal mit einer E-Mail.

«Die Oma wird sich freuen», sagen Sie.

Daran hat Ihr Kind noch gar nicht gedacht. Einen Brief zu schreiben bedeutet Freude schenken?

«Meinst du?»

«Und wie!»

77. Den ersten Alkohol trinken

Träumen wir mal ein bisschen: Nehmen wir an, Ihr Kind ist gerade zwölf geworden, macht unaufgefordert seine Hausaufgaben, trägt der alten Nachbarin die Einkäufe hoch, führt zweimal am Tag den Hund aus, geht gerne in die Schule und liest mit Begeisterung. Außerdem singt es im Chor, spielt Querflöte, ist nicht gepierct, tätowiert oder gebrandet, sein bester Freund oder seine beste Freundin findet Rauchen total doof und hält verzerrte E-Gitarren für die Posaunen Jerichos. Halten Sie genau an diesem Punkt inne, treten Sie einen Schritt zurück, betrachten dieses lebende Gemälde der Tugendhaftigkeit und fragen Sie sich: Was sehe ich?

Sie müssen jetzt sehr stark sein, denn die Antwortet lautet: Sie sehen den Herbst der Kindheit. Den Spätherbst, um genau zu sein. In zwei Jahren, von heute an gerechnet, wird Ihr Kind vermutlich geknutscht und Alkohol getrunken oder es sich wenigstens gewünscht haben, ihm werden Drogen und Zigaretten angeboten worden sein, es wird feuchte Träume gehabt und Sie beschimpft haben, ohne erklären zu können, warum. Womöglich wird es gar darauf bestehen, lauter Dinge zu tun, die Sie zweifeln lassen, ob es damals im Kreißsaal nicht doch vertauscht wurde.

Nun, man muss nicht jedes Feld kampflos räumen. Damit ist nicht gemeint, dass Sie Ihrem dreizehnjährigen Kind zu Weihnachten beibringen sollen, wie man zigarrengroße Joints dreht, aber es gibt keinen Grund, mit dem ersten gemeinsamen Alkohol so lange zu warten, bis Ihr Kind Ihnen erklärt, dass es seit Jahren schon seinen O-Saft nur noch mit Smirnoff runterbekommt. Aber zu welcher Gelegenheit spricht man ein solches Angebot aus? Und welches Getränk wählt man?

Am naheliegendsten sind natürlich Feiertage wie Weihnachten

oder Silvester, aber auch eine Hochzeit, die Konfirmation oder die Taufe einer Cousine können geeignete Momente sein, um den ersten Schluck Alkohol biographisch zu verankern. Silvester eignet sich im Grunde am besten dafür. Zum einen, weil es metaphorisch kaum zu toppen ist und gleichzeitig sowohl für etwas zu Ende Gegangenes als auch für einen Neubeginn steht. Zum anderen, weil der soziale Kontext wie geschaffen ist, Ihr Kind im Kreis der Erwachsenen zu begrüßen. Alle bleiben lange auf, es wird gefeiert, und um zwölf hält plötzlich jeder ein Glas Sekt in der Hand, alle prosten sich zu, stoßen an, umarmen und küssen sich, lachen und zeigen sich ihre Zuneigung. Anschließend wird das Feuerwerk bestaunt, und die Knallfrösche landen im Garten des unliebsamen Nachbarn.

Kurz vor zwölf wird dieses Ritual eingeleitet, indem man die Korken knallen lässt und langstielige Sektkelche mit schäumenden Flüssigkeiten befüllt. (Haben Sie beim Einkauf daran gedacht, dass es für Ihr Kind ein Initiationsritus ist und deshalb diesmal zum Champagner gegriffen?) Nun ist der Zeitpunkt für die große Frage gekommen, die Sie möglichst beiläufig stellen sollten: «Möchtest du auch ein Glas?» Wenn Sie dann sehen, wie sich Freude und Erstaunen im Blick Ihres Kindes mischen, dürfen Sie sich im Geiste auf die Schulter klopfen. Der Rest ist reine Formsache.

Ein Hinweis noch zum Abschluss: Wenn Sie selbst der Ansicht sind, dass dieses Silvester eigentlich noch ein Jahr zu früh für Ihr Kind ist, dann ist vermutlich genau der richtige Moment gekommen. Es ist nämlich sehr gut möglich, dass der Jahreswechsel, an dem Sie den ersten gemeinsamen Champagner mit Ihrem Kind trinken, auf absehbare Zeit der letzte sein wird, den Ihr Kind mit Ihnen verbringen möchte. Schon im kommenden Jahr wird es wahrscheinlich die Party mit seinen eigenen Freunden Ihrem Käsefondue vorziehen, und dann hätten Sie dieses Feld am Ende doch den anderen überlassen.

Wenn Sie wollen, heben Sie den Korken auf und beschriften ihn. Der Herbst der Kindheit geht schnell vorbei.

78. Etwas reparieren

Jahrtausendelang warfen Menschen einfach weg, was sie nicht mehr brauchten. Meist waren das Tonkrüge, stumpfe Schwerter oder verstorbene Angehörige. Keinen kümmerte das, denn unser Planet schluckte das bisschen Müll einfach. Erst im letzten Jahrhundert zeichnete sich ab, dass die Wegwerfgesellschaft auf Dauer ökologische Probleme bekommen würde – obwohl man für die Verstorbenen inzwischen in Form von Friedhöfen eine ganz gute Lösung gefunden hatte.

Jedenfalls sorgten neue Materialien, die daraus resultierende Flut neuer Produkte, eine rasant wachsende Weltbevölkerung und ein nicht minder rasantes Konsumwachstum unter anderem auch für wachsende Müllberge. Die Sorge um das Weltklima hat inzwischen unsere Angst, im Müll zu ersticken, abgelöst. Dennoch raten Ökologen dringend zu einer veränderten Konsumhaltung. Das Stichwort heißt Nachhaltigkeit. Etwas vereinfacht könnte man sagen, wir sollen qualitativ hochwertige Produkte aus nachwachsenden Rohstoffen kaufen, da dies ökologisch vernünftig ist. Also lieber ein teures Paar Lederschuhe, das einige Jahre hält, als alle paar Monate neue Billigtreter aus Plastik. Klingt logisch. Und ist auch weniger snobistisch, als es auf den ersten Blick erscheint.

Wer in der ersten Hälfte des vergangenen Jahrhunderts geboren wurde, also die heutigen Großeltern und Urgroßeltern, und nicht gerade einer privilegierten Schicht angehörte, fand es völlig normal, nur eine Garderobe zu besitzen, vielleicht noch eine zweite für hohe Feiertage. Da die Massenproduktion noch nicht verbreitet war, hatten alle handwerklich hergestellten Güter – und das waren die meisten – einen hohen Preis. Mangels Alternativen kauften die Menschen also gute Schuhe, behandelten sie pfleglich und reparierten sie im Fall der Fälle. Nun hat sich das einerseits grundlegend geändert, andererseits leben wir heute im totalen Überfluss. Warum sollten Sie Ihrem Kind also überflüssige Tugenden beibringen?

Hochpreisige Güter wie Autos oder Häuser werden auch heute noch pfleglich behandelt und im Fall der Fälle auch repariert.

Warum aber seine Energie auf die Reparatur eines Produktes verschwenden, das man für ein paar Euro neu bekommen kann? Beispielsweise, weil man ein Erfolgserlebnis hat, wenn man etwas instand setzt. Jedoch auch, weil man Geld spart – und seien es nur ein paar Euro, die man dann guten Gewissens für etwas anderes verprassen kann. Außerdem, weil man bei einer Reparatur ins Gespräch kommen kann, etwa über den eigenen Großvater, der lieber mit lauter Provisorien lebte, als neue Sachen anzuschaffen, weil er erlebt hatte, dass im Kriegsfall ohnehin alles zu Bruch geht. Nicht zuletzt aber, weil man noch etwas ganz anderes fürs Leben lernt. Reparaturen sind nicht automatisch nur eine Frage der Kosten. Manchmal muss man Dinge reparieren, weil sie einem am Herzen liegen. Eine alte Suppenschüssel kann auf dem Trödel gerade mal einen Euro bringen, als Andenken dagegen einen solch unschätzbaren Wert haben, dass man Stunden, ja Tage darauf verwendet, sie wieder zusammenzuflicken, wenn sie zu Bruch gegangen ist.

Ihr Kind sollte daher lernen, dass es nie falsch ist, über eine Reparatur nachzudenken, wenn Dinge zerbrochen sind. Ob das nun Omas Suppenschüssel ist, eine langjährige Ehe oder das Verhältnis zweier Staaten. Reparaturen bringen zugegebenermaßen nicht immer Erfolg, außerdem sind sie meist langwieriger und komplizierter als eine Entsorgung. Aber manchmal ist es im Leben eben doch besser, die Ärmel hochzukrempeln und zum Werkzeug zu greifen, statt den bequemen Weg zu wählen – auch metaphorisch gesehen.

Wie sagten schon unsere Großeltern: «Wir wünschen euch nicht, dass es euch mal so schlecht geht, wie es uns ergangen ist. Aber dann wüsstet ihr mal, was es heißt, zu sparen.»

Bitte benutzen Sie diesen Satz nicht. Danke!

79. Pilze suchen und finden

Es gibt Dinge, die viele Erwachsene aus ihrer Kindheit nur als ewigen Versuch in Erinnerung haben. Drachen steigen lassen zum Beispiel. Wir sehen unseren Vater am anderen Ende der Schnur, wie er den Drachen hält, zum x-ten Mal den Wind prüft und irgendwann «Los!» schreit. Wir rennen rückwärts, so schnell es geht, spüren die Spannung auf der Schnur, verfolgen gebannt, wie sich der Drachen unschlüssig zwei, drei Meter in die Höhe zappelt, reißen noch einmal mit aller Kraft an der Leine, als wir merken, dass die Spannung nachlässt, und müssen mit ansehen, wie unser Drachen langsam abwärts trudelt, bis unsere Hoffnungen einmal mehr mit einem dumpfen «Plopp» dem Erdboden gleichgemacht werden, auf dem der Drachen gerade aufgeschlagen ist. Zu diesem Zeitpunkt ist unser Vater bereits leicht ge- bis schwer entnervt und glaubt, wir seien schuld, weil wir die Schnur nicht richtig gehalten oder immer im falschen Moment aufgehört haben zu laufen, doch inzwischen ist sein Wille, es noch zu schaffen, größer als unserer – es muss doch irgendwann klappen, andere können das auch, die Hoffnung stirbt zuletzt, los, nochmal. Ein Trauerspiel.

Was für den einen der Drachen ist, kann für den anderen etwas vollkommen anderes sein. Ein Pilz zum Beispiel. Ein Steinpilz, um genau zu sein. Der König der Speisepilze. Erinnern Sie sich noch, wie Sie im Morgengrauen durchs Unterholz gekrochen sind, nasse Füße und Hunger hatten und nach zwei Stunden Suche ganze drei Fliegenpilze entdeckt hatten, die Sie noch nicht einmal anfassen durften? Dabei hatten Ihre Eltern Ihnen regenschirmgroße Steinpilze versprochen, die Sie mittags gemeinsam verzehren wollten?

Jetzt, da Sie selbst Kinder haben, ist es an der Zeit, den Spieß umzudrehen. Wie heißt es noch so schön? Man sieht sich immer zweimal im Leben. Stellen Sie sich also dem Drachen Ihrer Kindheit, bescheren Sie sich und Ihrem Kind ein Erfolgserlebnis der Extraklasse und machen Sie aus «Pilze suchen» einfach «Pilze suchen und finden».

Gehen Sie auf Nummer sicher. Wenden Sie sich an einen alten Hasen und bringen Sie in Erfahrung, wo Sie garantiert fündig werden. Gauben Sie jedoch nicht, dass das einfach wird. Erfahrene Pilzhasen geben ihr Revier nicht ohne weiteres preis. Noch dazu sind sie nicht bestechlich, jedenfalls nicht mit Geld. Eine Kiste guten Weins oder eine Schweinehälfte haben hingegen schon so manche Zunge gelöst. Außerdem werden Sie eine Verschwiegenheitserklärung unterzeichnen müssen. Der nächste Punkt: den richtigen Tag finden. Es ist Freitagabend, und die vergangene Woche war frühherbstlich warm, aber regnerisch? Gut. Sie stehen kurz vor dem Ziel.

Stellen Sie sich den Wecker auf fünf Uhr. Hasen sind Frühaufsteher. Um halb sechs reiben Sie sich die Hände und packen alles, was zum Pilze suchen und finden mitkommen soll, unter Murren in Ihren Wagen und reiten vom Hof. Um sechs Uhr ist es dann so weit: Sie kriechen durchs neblige Gehölz und atmen den Geruch von Moos und … Pilzen! Da sind sie auch schon, die Steinpilze, ganze Großfamilien! Mit handtellergroßen, feuchten Kappen, die in der Morgensonne glänzen. Spätestens jetzt murrt niemand mehr.

Gegen zehn Uhr kehren Sie von Ihrem Pilzabenteuer zurück, um zwölf Uhr trocknet die erste Hälfte Ihrer in feine Scheiben geschnittenen Ernte im Backofen (so werden Sie sich in den kommenden Wintermonaten immer wieder an diesen Tag erinnern), abends dann kochen Sie das Pilzragout, das Ihnen Ihre Eltern vor dreißig Jahren versprochen haben, und spülen den Drachen Ihrer Kindheit mit einem Lächeln und einem Schluck Rotwein herunter.

80. Über Sex reden

Nein, nein, nein. Bereits das Lesen der Überschrift hat Sie in die Irre geführt. Über Sex zu reden bedeutet nicht, über Verhütung zu reden oder die Frage zu klären, wie Babys gemacht werden. Während Sie Sex haben, denken Sie schließlich auch nicht darüber nach, wie Babys entstehen oder wie Verhütung funktioniert. Über Sex zu reden heißt, darüber zu sprechen, wie es ist, Sex zu haben.

Ein delikates Thema. Klar ist, dass Sie als Elternteil nicht von selbst die Sprache darauf bringen. Ist schließlich voll peinlich. Wahrscheinlicher hingegen ist, dass Ihr Kind Sie irgendwann mit der Frage konfrontieren wird, wie das so ist, wenn man Sex hat, wie es war, als Sie Sex hatten, damals, oder gar ob man am Ende auch in Ihrem biblischen Alter von möglicherweise bereits jenseits der vierzig noch Sex haben kann. Sie merken schon: Hier ist Fingerspitzengefühl gefragt. Ein einfaches «Ja» kann bereits Bestürzung oder gar Fassungslosigkeit auslösen. «Echt jetzt – ihr habt noch *Sex*?»

Machen Sie sich klar, dass Ihnen, sobald diese Fragen aufkommen, ein heranwachsender Mensch gegenübersteht, für den das Thema «Sex» langsam interessant, wenn nicht gar virulent wird. Ein junger Mensch, der sich jeden Morgen in einem schon wieder veränderten Körper zurechtfinden muss, dessen Gehirn sich, während er mit Ihnen spricht, in ein funkensprühendes Knäuel aus Hormonen und diffusen Sehnsüchten verwandelt, und der ahnt, dass all das, was mit ihm geschieht, mit etwas ganz Großem zusammenhängt, etwas Übermenschlichem, gigantisch, bedrohlich und unsagbar verlockend: Sex eben.

Dieser Mensch wird in aller Regel noch nicht über den intellektuellen Scharfsinn verfügen, dieses Erwachen in sich als eine der wesentlichen Triebfedern menschlichen Handelns zu erkennen, doch er wird spüren, dass das mit dem Sex eine echt große Sache ist, die sich seiner bemächtigt und der er in einer Mischung aus Abscheu, Neugier und Verlangen hilflos ausgeliefert ist.

Als die modernen, aufgeklärten Eltern, als die Sie sich gewiss betrachten, ist Ihnen natürlich daran gelegen, dass Ihr Kind ein möglichst unverkrampftes und freudvolles Verhältnis zu seinem Körper und seiner Sexualität entwickelt. Das ist begrüßenswert, doch bedeutet das nicht automatisch, dass Sie Ihr Kind nach dieser Frage mit allem überschütten sollten, was Sie seit Ihrer Pubertät in puncto Sex erlebt und erlernt haben.

Was immer Sie Ihrem Kind mit auf den Weg geben, es gilt die Devise: Weniger ist mehr. Bringen Sie ihm möglichst schonend bei, dass man auch in Ihrem Alter noch Sex haben kann und sogar hat. Gerne dürfen Sie ihm auch erklären, dass guter Sex etwas Wundervolles und Genussvolles sein kann, bei dem zwei Menschen aufeinander eingehen, sozusagen ein Akt des sich Liebhabens, und dass alles erlaubt ist, solange es allen Beteiligten Spaß macht.

Peinliche Details dagegen wird Ihr Kind ganz bestimmt nicht von Ihnen hören wollen. Und das ist auch gut so. Darum wird sich Ihr Kind nämlich selbst kümmern – wenn die Zeit reif ist.

81. Großreinemachen

«Papa, kann ich dir helfen?» Um diese eine Frage aus dem Mund des eigenen Kindes zu hören, gäben wir manchmal eine ganze Menge. Wie oft wir sie tatsächlich gehört haben, können wir an einer Hand abzählen, und Ihnen wird es vermutlich nicht besser ergangen sein.

Kleine Kinder helfen ihren Eltern noch gerne. Sie sind stolz, wenn sie sich nützlich machen können, und am Boden zerstört, wenn es heißt: «Dafür bist du noch zu klein.» Sobald der Reiz des Neuen verflogen ist, die Kinder älter werden und erkannt haben, dass wiederkehrende Tätigkeiten oft lästig sind und es doch nicht sooo spannend ist, die Abfalltüte zur Mülltonne zu tragen, bekommen wir in aller Regel nur noch «Keine Lust!» oder «Keine Zeit!» zu hören und ernten Blicke, die mit Liebesentzug drohen. Warum also auch noch eine gemeinsame Aktivität daraus machen? Die wenigsten von uns jubeln bei dem Gedanken an den berühmten Frühjahrsputz oder das längst überfällig gewordene Ausmisten. Wir haben nur vor dem Unvermeidlichen kapituliert.

Zugegeben, es ist nicht einfach, Kinder zum Mitmachen zu motivieren oder im Zweifelsfall ein Machtwort zu sprechen, aber Sie haben keine andere Wahl. Seien Sie aber auch nicht zu zimperlich und machen Sie Ihrem Nachwuchs ruhig unmissverständlich klar, dass es dazugehört, sich die Finger schmutzig zu machen. Spinnweben haben in unseren Breitengraden noch niemanden umgebracht, und selbst das Auswringen von dreckigen Lappen hat noch bei keinem zu dermatologischen Spätfolgen geführt. Schließlich sollen unsere Kinder keine Nesthocker werden oder schiefe Blicke ernten, weil sie noch nicht einmal wissen, wie man Kaffee kocht und ihnen das Waschen und Bügeln selbst im heiratsfähigen Alter noch Rätsel aufgeben. Das zu verstehen, ist mithin von einem Sechsjährigen zu viel verlangt. Einen Vierzehnjährigen kann man damit dagegen schon auf die richtige Fährte bringen. Sollte der Teenager zudem körperlich alle Voraussetzungen für die NBA erfüllen, lohnt es sich gleich doppelt, ihm den Fensterputz oder das Auswischen der Oberschränke in der Küche zu übertragen.

Am ehesten gelingt Ihnen das Gemeinschaftswerk, wenn Ihre Kinder das Gefühl haben, dass es sich tatsächlich um ein solches handelt und ihre Hilfe wirklich gebraucht und später anerkannt wird. Haben sie jedoch das Gefühl, dass Sie ihnen Aufgaben geben, nur damit sie etwas lernen oder weil Sie selbst keine Lust dazu haben, dann wird's eng.

Selbst Spaß beim Staubwischen vorzutäuschen, ist oft nicht einfach, macht das Ganze aber leichter. Musik hilft auch, etwas anderes allerdings noch viel mehr: die ach so streng verbotene Belohnung, von Pädagogen gerne als Bestechung verschrien. Denn was die Kinder daraus lernen, merken sie sich: Je schneller sie den lästigen Kram, den sie ohnehin nicht abschütteln können, hinter sich gebracht haben, desto eher dürfen sie Dinge tun, die Spaß machen. Ob mit Ihnen oder ohne Sie.

82. Gemeinsam an der Playstation daddeln und sich Social Media erklären lassen

Ihr Kind verschwindet immer öfter wortlos in seinem Zimmer? In letzter Zeit muss nur irgendein Freund zu Besuch kommen, und schon sprudelt es nur so aus den beiden heraus: «Weißt du, wer mich gegruschelt hat?» Oder: «Die Maja hat ihren Status geändert ...» Dann wechseln die beide vielsagende Blicke – und schwupps schließt sich die Tür zum Kinderzimmer. Ja, auch Ihr Sprössling treibt sich in Online-Communitys wie SchülerVZ, Facebook oder Jappy.de herum, und das mit Leidenschaft. Hinter verschlossener Tür guckt er irgendwelche Clips auf Youtube, hört Musik auf LastFm und twittert vielleicht sogar irgendwas mittels einhundertvierzig Zeichen in die Welt oder drangsaliert seine Playstation. Ein Ort voller Geheimnisse mitten in Ihrem Zuhause.

Mindestens ebenso rätselhaft erscheint Ihnen das Social Web, und Sie fragen sich, ob das Ganze nun Droge, Religionsersatz oder Zukunftstechnologie ist. Sie haben das Gefühl, es handele sich um einen weiteren misslichen Teil der Pubertät, und versichern sich und anderen Eltern, das werde schon wieder verschwinden – genau wie Pickel, die erste Freundin und das Poster einer talentfreien Popband. Man muss Sie nur auf das Thema Computerspiele ansprechen, und schon verbarrikadieren Sie sich hinter einem inneren Schutzwall. Von dort witzeln Sie über die virtuellen Bogenschützen und Zauberer, über das Faible Ihrer Kinder für all die Kostümhansel und stupide Jump&Run-Spiele.

Dass das Social Web nicht mehr unsere Welt ist und uns auch manchmal ausschließt, ist das gute Recht unserer Kinder – was allerdings nicht heißen muss, dass wir das nicht versuchsweise ändern dürfen.

Sie müssen nur selbst ran, sonst sind Sie es, die sich ausschließen, nicht Ihre Kinder. Das heißt: ran an die Tastatur oder Handsteuerung und rein in die animierte Welt der LAN-Partys, und zwar nicht nur, um die aufkeimende Hysterie zu bekämpfen. Als Massenmedium funktionieren Computerspiele nämlich wie Fernsehen und Kino, und nein, nicht jedes Computerspiel führt automatisch zu Gewaltverbrechen.

Wenn Sie zwischen *Halflife* und dem sehr viel harmloseren *World of Warcraft* zu unterscheiden wissen und solange es sich bei diesem Zeitvertreib um eine von vielen Freizeitaktivitäten Ihrer Kinder handelt, dann können Sie Ihrem Nachwuchs den Spaß ruhig gönnen – und sogar selbst welchen damit haben!

Um das Anstupsen und Gruscheln ranken sich indessen nicht weniger Mythen als um die animierten Online-Rollenspiele. Tauchen Sie hier nur kurz gemeinsam mit Ihrem Kind ab: Versichern Sie sich, dass es sich um eine harmlose Angelegenheit handelt und niemand gemobbt wird – und verschwinden Sie dann wieder.

Denn Vorsicht: Ihr freiheitsliebender Nachwuchs wird allzu reges Interesse von Ihrer Seite argwöhnisch beäugen. Natürlich ist es cool, wenn Papa die Steinzeit hinter sich lässt, aber dass er sich gerade durch die Freundesliste seines Sohnes klickt und Mama sich mal eben schnell einloggt, um die letzten Partyfotos auf vermeintliche Exzesse zu filzen, ist definitiv unerwünscht. Teilen Sie Ihr neugewonnenes Insiderwissen also in Maßen und genießen im Stillen.

PS: Damit Sie beim Login nicht aus dem Muspott kommen: Gruscheln ist eine Wortneuschöpfung, welche die Wörter «grüßen» und «kuscheln» vereint und der Kontaktaufnahme dient, ohne gleich eine Nachricht versenden zu müssen. Auch Freunde dürfen (und müssen) übrigens von Zeit zu Zeit gegruschelt werden, weil ja keiner vernachlässigt werden soll …

Anstupsen ist übrigens die postpubertäre Variante davon auf Facebook.

83. Eine Kerze anzünden

Nicht nur in der christlichen Tradition spielen Kerzen eine wichtige Rolle. Womöglich ist es aber in besonderem Maße der katholischen Kirche zu verdanken, dass heute an jeder Ecke Teelichte in Großpackungen erhältlich sind. Einer bekannten Online-Enzyklopädie kann man entnehmen, dass in erster Linie der klerikale Kerzenbedarf im Mittelalter Bienenwachs zu einem wichtigen Handelsgut machte. Noch heute beginnt das Leben eines Christen mit der Taufkerze und endet mit dem Grablicht. An oder in Kirchen werden Kerzen aufgestellt, um Gott für die Genesung von Kranken oder den Schutz von Angehörigen zu bitten. Im religiösen Kontext symbolisieren Kerzen den Sieg des Lichtes über die Dunkelheit, im übertragenen Sinne stehen sie für den Sieg Gottes über die ewige Finsternis, also über Tod und Teufel.

Auch wer nicht zu einer solch ambitionierten Metaphorik neigt, kann Kerzen etwas abgewinnen. Selbst Atheisten stellen Adventskränze und Weihnachtsbäume auf, pusten Geburtstagskerzen aus oder verbringen romantische Abende bei prickelnden Drinks, gutem Essen und Kerzenschein. Kerzen werden der Symbolik wegen bei Friedensdemonstrationen eingesetzt, der Atmosphäre wegen in Bars und Kneipen und des Effekts wegen bei Heiratsanträgen – Letzteres zugegebenermaßen meistens im Fernsehen.

Zweifelsohne haben Kerzen durchaus eine magische Wirkung auf uns Menschen. Ebendas können Sie Ihrem Kind zeigen, indem Sie beide gemeinsam eine Kerze anzünden. Vielleicht ist das zufällig schon geschehen, weil Sie zusammen an einem Fest teilgenommen haben, bei dem Kerzen entzündet wurden. Das ist aber hier nicht gemeint. Vielmehr soll das Entflammen des Dochtes ein bewusster und damit spirituell relevanter Akt sein. Im Schein einer Kerze kön-

nen wir die Gedanken fließen lassen oder einfach die Ruhe genießen, die das matte Licht ausstrahlt. Nicht umsonst ist Kerzenschein in unseren Breiten mit der besinnlichen Vorweihnachtszeit verbunden oder an eher kontemplative Tätigkeiten geknüpft.

Ob Ihr Kind später regelmäßig solche meditativen Ruhepausen einlegen oder nur in ganz besonderen Momenten eine Kerze anzünden wird, bleibt ihm selbst überlassen. Schön ist aber, dass Sie ihm diesen Moment der Ruhe, des Innehaltens zeigen. Wer weiß, vielleicht wird Ihr Kind in fortgeschrittenem Alter, wenn Sie längst die Gänseblümchen von unten betrachten, eine Kerze anzünden und liebevoll an jenen Moment zurückdenken, als Sie ihm vorgeführt haben, wie man im Kerzenschein zur Ruhe oder auf neue Gedanken kommt.

PS: Vergessen Sie bei allem Zauber bitte nicht, Ihr Kind mit den Gefahren der Kerzenmeditation vertraut zu machen. Schließlich möchten wir nicht, dass die Feuerwehr eine kontemplative Nacht vor Ihrem abgebrannten Haus verbringen muss, um sicherzustellen, dass die Glut nicht wieder aufflammt.

84. Eine Fahrstunde geben

Erinnern Sie sich noch daran, was der Pkw-Führerschein für Sie persönlich bedeutet hat? Die Welt stand Ihnen plötzlich offen. Sie konnten nicht nur die Party im nächsten Dorf oder am Ende der Stadt erreichen, sondern – zumindest theoretisch – jeden beliebigen Ort auf der ganzen Erde. Der Führerschein war sozusagen die Lizenz zur Freiheit.

Ihr Kind sieht das wahrscheinlich genauso und wird dem Führerschein daher ebenso entgegenfiebern, wie Sie es damals getan haben. Zwar kann man heute schon mit siebzehn die Fahrprüfung ablegen, ist aber bis zum achtzehnten Geburtstag weiter auf die Kooperation der Eltern angewiesen. Das Fahren ohne die Begleitung eines Erziehungsberechtigten ist nämlich bis zur Volljährigkeit tabu. Damit erledigen sich übrigens auch einige andere Akte der automobilen Freiheit. Wer Erziehungsberechtigte auf dem Beifahrersitz durch die Gegend fährt, kann sich den Rücksitz für amouröse Abenteuer nämlich – vorerst – abschminken.

Ein wenig partizipieren Sie übrigens an der neugewonnenen Unabhängigkeit Ihres Kindes. Wenn Sie auf dem Dorf wohnen und es an der örtlichen Bushaltestelle nicht gerade wie in einem Taubenschlag zugeht, müssen Sie Ihr Kind fortan nicht mehr zum Fußballtraining, zur Reitschule oder nächsten Party kutschieren, irgendwo abliefern und im Extremfall spätabends wieder abholen. Zumindest nicht jedes Mal. Mehr Schlaf werden Sie aber dadurch zumindest anfänglich nicht automatisch bekommen. Die Sorge, dass nun Ihr Baby am Steuer sitzt, wird Sie sicher die eine oder andere durchwachte Stunde kosten.

Am besten begegnen Sie Ihrer Angst, bevor Ihr Kind die erste Fahrstunde absolviert. Wenn Sie selbst das Wichtigste und Wesentliche zum Individualverkehr gesagt haben, darf der staatlich geprüfte Fahrlehrer gerne darauf aufbauen.

Nur wie fangen Sie die Sache am besten an? Zum Beispiel auf dem stillgelegten Truppenübungsplatz in der Nachbarschaft, dem Klassiker unter den besten Orten für heimliche Fahrstunden. Allerdings auf eigene Gefahr, denn das Üben mit Papa und Mama ohne gültige Fahrerlaubnis im öffentlichen Straßenverkehr (ja, dazu zählt auch die eben genannte Asphaltwüste) gilt als Schwarzfahren, und zwar nicht nur für Ihr Kind. Das nachfolgende Strafverfahren könnte nicht ganz billig werden. Kostengünstiger sind eigens dafür vorgesehene Verkehrsübungsplätze. Man zahlt eine kleine Nutzungsgebühr, und schon darf der Jugendliche mit dem Wagen des Führerscheininhabers in dessen Begleitung seine Runden drehen. Das ist zwar nicht ganz so verwegen, macht aber auch Spaß und erfüllt seinen Zweck. Ihnen bleibt so nicht nur Zeit, Ihrem Kind das Lampenfieber vor der offiziellen ersten Fahrstunde zu nehmen und ihm zu erklären, wo der Rückwärtsgang ist. Sie können ihm bei der Gelegenheit auch in aller Ruhe berichten, was es für Sie damals bedeutet hat, endlich mobil zu sein, und welche Ängste Sie ausstehen, jetzt, da *Ihr* Kind am Steuer sitzt.

Danach bleibt Ihnen kaum mehr, als auf die rund dreißig Fahrstunden beim Profi zu vertrauen, ebenso wie Ihren (guten) Genen und dem Lackdoktor Ihrer Autowerkstatt.

85. Sein Leben in die eigene Hand nehmen

Irgendwann kommt der Tag, da wird Ihr Kind sein Leben grundlegend ändern, indem es seine Sachen packt und sich eine eigene Wohnung sucht. Vielleicht zieht es nur ein paar Straßen weiter, vielleicht aber auch in ein anderes Land oder gar auf einen anderen Kontinent. Vermutlich wird dies ein endgültiger Abschied, was das Zusammenleben betrifft, auch wenn Statistiken da manchmal eine andere Sprache sprechen.

Mit Beendigung der Schule oder wahlweise der Ausbildung mag es durchaus angeraten erscheinen, Ihrem Kind nahezulegen, das Weite zu suchen. Vielleicht bedarf es dessen auch gar nicht. Nicht selten verkünden jene Menschen, denen man gerade noch Geschichten zum Einschlafen vorgelesen hat, wie aus dem Nichts, dass sie von nun an gefährliche Länder bereisen, am anderen Ende der Welt eine Ausbildung beginnen oder mit einem flüchtigen Bekannten eine Familie gründen wollen. Sie können dann auf Ihren Nachwuchs einreden oder ihm strategische Ratschläge geben, durchkreuzen sollten Sie die Pläne aber nicht. Auch nicht auf die Gefahr hin, dass Sie am Tag des Auszuges allein vor sich hin heulen wie ein Schlosshund!

Wenn Ihr Kind bereit ist, sein Leben zu ändern, dann heißt das auch, dass Sie Ihren Job als Eltern für jenen Teil, den man Kindheit nennt, erledigt haben. Es ist dann alt genug, einen eigenen Hausstand zu begründen, der es ihm aufnötigt, seine Wäsche selbst zu waschen, die Einkäufe selbst zu tätigen und Behördengänge zu erledigen. Je später Sie oder Ihr Kind damit anfängt, desto schwerer wird es allen Beteiligten fallen. Das heißt jetzt nicht, dass Sie Ihr Kind mit achtzehn hinauswerfen und ihm klarmachen sollen, dass es nie wieder nach Hause kommen darf. Im Gegenteil, jeder Mensch sollte wissen, dass die Eltern immer für ihn da sein werden. Dass Sie für Ihr Kind da sind!

Ausziehen sollte es dennoch irgendwann, um sein eigenes Leben in die Hand zu nehmen. Wie Ihr Kind das im Einzelnen tut, das geht Sie dann nur noch bedingt etwas an. Umso mehr werden es alle Beteiligten genießen, sich außerhalb des angestammten Heims zu treffen, wohin dann jeder aus «seiner Welt» kommt.

Dabei können die ersten Schritte in ein eigenes Leben gar nicht hoch genug eingeschätzt werden. Am besten, der erste Schritt führt Ihr Kind in eine andere Stadt, damit die Möglichkeit, bei der kleinsten Hürde mit Bambi-Blick bei Ihnen zu Hause vor der Tür zu stehen, schlichtweg entfällt. Abstand zu den Eltern ist wichtig, so schwer das auch einzusehen sein mag – für die Eltern und die Kinder.

Sollten Sie Ihr Kind für den Posten des Bademeisters im örtlichen Schwimmbad vorsehen, bedarf es selbstverständlich keiner örtlichen Trennung. Auch die Notwendigkeit der Selbständigkeit sollten Sie in einem solchen Fall nicht allzu hoch hängen. Wenn Sie jedoch hoffen oder Ihr Kind dabei unterstützen wollen, dass es ein selbständiges Leben führt und dabei über den Beckenrand des angestammten Schwimmbeckens hinausblickt, sieht die Sache schon anders aus. In diesem Fall sollten Sie anfangs keine Mühen scheuen, bei der Grundsteinlegung behilflich zu sein. Graben Sie ruhig im Keller oder auf dem Speicher nach Ihrem ersten Besteck oder Ihrer ersten Küchen- und Haushaltsausstattung. Zeigen Sie Ihrem Kind, wie und wo man eine bezahlbare Wohnung findet. Sobald der Grundstein gelegt ist und Ihr Kind über seine eigenen vier Wände verfügt, haben Sie kein Hausrecht mehr, sondern vielmehr ein Gastrecht.

Ihr Kind wird es schon richtig machen! Auch wenn das in dem einen oder anderen Fall einiges an Zeit und Nerven beanspruchen kann. Auch hier gilt zunächst einmal das olympische Motto, zumindest für Ihr Kind: Dabei sein ist alles! Inwieweit Sie Ihrem Nachwuchs dann in der Zukunft vielleicht noch zur Hand gehen oder unter die Arme greifen sollten oder müssen, wird vom Einzelfall abhängen. Selbständigkeit stellt sich bei dem einen früher, bei dem anderen später ein. Am Ende des Tages geht es darum, dass Sie Ihr Kind in die Welt entlassen, in der es seine eigenen Erfahrungen machen muss. Zumal sich selbige bekanntlich nicht weitergeben lassen. Je früher der oder die Heranwachsende Dinge erlebt, welche man unter Lebenserfahrungen zusammenfasst, desto leichter wird er oder sie sich im weiteren Verlauf des Lebens tun.

86. Eine Welle reiten

Zugegeben: «Eine Welle reiten» legt die Latte ganz schön hoch. Bei vielen Menschen wird ein solches Vorhaben bereits an der fehlenden Möglichkeit zur praktischen Umsetzung scheitern. Schließlich leben die wenigsten von uns an der Südküste Australiens oder in Neuseeland, wo man auf Surfbretter trifft, so, wie man hierzulande über Fußbälle stolpert. Aber genau darum geht es: dass man sich auch mal Dinge vornimmt, die nicht im Vorbeigehen zu realisieren sind, sondern auf die man Jahre oder sogar ein halbes Leben warten muss. «Eine Welle reiten» steht also für all das, was Sie immer schon mit Ihrem Kind vorhatten, aber nicht in die Tat umgesetzt haben – bis jetzt: den Grand Canyon sehen, einen Sprung mit dem Fallschirm wagen, eine Elefantenherde in freier Wildbahn beobachten.

Sie fürchten, bis es so weit ist, könnte Ihr Kind möglicherweise längst aus dem Haus sein und ein eigenes Leben führen? Macht nichts! Auch wenn Ihr Kind bereits fünfundzwanzig und sie Mitte fünfzig sind, können Sie noch dieselbe Welle reiten. Und die Chinesische Mauer wird auch noch stehen, wenn sie um die siebzig sind und Ihr Kind selbst Nachwuchs hat. Notieren Sie sich also ruhig den einen oder anderen nicht erfüllten Wunsch, bewahren Sie den Zettel auf und holen Sie ihn von Zeit zu Zeit hervor. Gelegentlich wandelt das Leben auf verschlungenen Pfaden und führt einem Gelegenheiten zu, die man gar nicht auf dem Plan hatte. Dann ist es gut, wenn man weiß, wo der Zettel mit den Dingen, die man immer schon mal machen wollte, liegt und ihn nicht lange suchen muss.

Noch ein abschließendes Wort zur Welle: Falls Ihnen Ihr Leben doch frühzeitig die Gelegenheit in die Hände spielen sollte, die Sache mit dem Surfbrett in Angriff zu nehmen: unbedingt zugreifen!

Ein dreijähriges Kind mit Schwimmweste, das zwischen den Beinen von Vater oder Mutter auf einem Longboard sitzt, während die Welle sie gemeinsam über das Wasser trägt – das ist ganz großes Kino. Für beide.

87. Persönlichkeit entdecken

Gnôthi seautón – erkenne dich selbst. So soll eine von zwei Inschriften am Tempel des Apollon in Delphi gelautet haben. Bereits die alten Griechen haben gewusst: Selbsterkenntnis ist eine Schlüsselkompetenz. Ohne Selbsterkenntnis ist jeder Versuch, unsere individuelle Persönlichkeit auszubilden, von vornherein zum Scheitern verurteilt. Mehr noch: Aktiv gestalten kann sein Leben nur derjenige, der seine Handlungsmotive, sprich sein Selbst, erkannt hat. Was bedeutet das nun für uns? Als die aufgeklärten, modernen Eltern, als die wir uns so gerne betrachten, ist uns natürlich sehr daran gelegen, dass unser Kind seine eigene Persönlichkeit ungehemmt entwickeln und erkunden kann. Darin unterstützen wir es nach Kräften und stehen ihm nicht im Weg. Oder?

Manchmal wird es Ihnen sicher schwerfallen, sich das einzugestehen, doch je älter und autonomer Ihr Kind wird, desto häufiger durchkreuzt es Ihre Pläne, und Sie entdecken Seiten, Wesenszüge und Charaktereigenschaften an ihm, die Ihnen, wenn Sie ehrlich sind, nicht behagen oder Sie gar gehörig stören. Gelegentlich sehen Sie sich eventuell sogar bei dem Versuch, diese Eigenschaften zu akzeptieren, vor große Probleme gestellt. Was, wenn Sie sich insgeheim immer einen Abenteurer als Sohn gewünscht haben, er jedoch unbedingt ein Computer-Nerd werden will? Was, wenn Ihre Tochter, die Sie immer lachend im Kreise von Freundinnen gesehen haben, am liebsten auf dem Dachboden hockt und *Harry Potter* liest? Sie haben sich ein sensibles, musisches Kind gewünscht, und jetzt hat es nichts anderes im Sinn als Kickboxen? Sie wollten einen Frauenhelden, und jetzt ist er schwul?

Anderes Thema: Schule. Als Eltern wünschen wir uns Kinder, die mit spielerischer Leichtigkeit die Schullaufbahn durchtänzeln, um irgendwann mühelos ein Einser-Abi zu schreiben. Was, wenn für Ihr Kind die Schule eine fortwährende Tortur bedeutet und der Hauptschulabschluss das Höchste der Gefühle ist? Vielfach sind Eltern (und Lehrer) so sehr auf die Schule fixiert, dass sie nur noch in vermeintlichen Defiziten denken können, die ihr Kind zu überwinden hat, um den Anforderungen der Schule gerecht zu werden. Fragt sich, wessen Interessen da im Mittelpunkt stehen – die der Eltern oder die des Kindes?

Den Persönlichkeitsbildungsprozess Ihres Kindes konstruktiv zu begleiten kann große Souveränität, einen langen Atem und viel Liebe erfordern. Wir Eltern haben diesen Prozess natürlich längst abgeschlossen – was man schon daran erkennt, dass unser Handeln in permanentem Einklang mit unserem Wesen steht. Ha, ha.

Fazit: Sie haben es bereits zu Anfang geahnt. Die alten Griechen machen es uns immer nur auf den ersten Blick leicht. Zu erkennen, wer man selbst ist, ist ein Prozess, der einen Menschen im Zweifelsfall das ganze Leben begleitet. Genau das sollte man auch seinen Kindern zugestehen.

Und nun befrage sich jeder selbst: Habe ich wirklich die Größe, mein Kind nicht meinen Vorstellungen anzupassen? Ist die Liebe zu meinem Kind groß genug, um ihm die unumstößliche Gewissheit zu geben, dass ich es vorbehaltlos akzeptiere – so, wie es ist?

88. Die Welt retten

Vielen Kinder geht es heutzutage verdammt gut. Sie haben ein Dach über dem Kopf, genug zu essen, ausreichend Kleidung, dürfen in die Schule und vielleicht auch noch den Fußballverein gehen und haben Eltern, die sie lieben und für sie da sind. Damit befinden sie sich, verglichen mit dem Rest der Welt, ganz weit vorne. Natürlich gibt es auch Unbill: andere Kinder, die sie piesacken, Streit mit den Geschwistern, Eltern, die ständig mit Rohkost hinter ihnen herrennen, oder kratzende Pullis. Das große Ganze jedoch, die heile Welt, die sie sicher in ihrer Mitte geborgen hält, steht unverrückbar wie ein Fels. So heil, so schön. Irgendwann jedoch bekommt diese Welt erste Risse. Irritierende Risse, durch die der Widerschein von Schmerz und Leid flackert – das Bild eines hungernden Kindes auf einer Illustrierten etwa oder ein Schwarm verendender Fische. Und noch während unsere Kinder sich diese Risse zu erklären versuchen, platzt die Welt auf wie ein Ei und lässt sie ohnmächtig erstarren.

Das, was Ihr Kind bis jetzt für seine Welt gehalten hat, ist in Wirklichkeit der winzige Teil einer viel größeren Welt, ein Kokon, eine Schmusedecke, die es gewärmt hat und die ihm nun entrissen wurde. Was kommt darunter zum Vorschein? Elend und Ungerechtigkeit: Krieg, Hunger, Menschen, die anderen Menschen die Köpfe einschlagen, Naturkatastrophen und solche, die von Menschenhand ausgelöst werden. All das ist kaum auszuhalten, überhaupt nicht zu verstehen und vor allem eines: un-ge-recht!

Um nicht täglich aufs Neue am Zustand der Welt zu verzweifeln, müssen wir einen Weg finden, mit ihm klarzukommen. Wir arrangieren uns – jedenfalls die meisten –, stumpfen ab, verdrängen, beschwichtigen unser moralisches Restgewissen, indem wir verschmerzbare Spendenopfer für Greenpeace oder Kinder in Not

erbringen. Kinder sind allerdings nicht so abgestumpft, und die eingeübten Verdrängungsmechanismen der Erwachsenen haben sie ebenfalls noch nicht ausgebildet. Ihnen ergeht es also möglicherweise anders als ihren Eltern, und sie wollen sich nicht zufriedengeben mit Trostpflastern, sondern aufbegehren gegen all die Ungerechtigkeit. Als Folge davon entwickeln sie nicht selten Allmachtsphantasien, wollen alle bösen Menschen auf der Welt dazu verdonnern, für immer Legosteine zu sortieren, und zwar nach Farben geordnet und die Figuren extra. Die Guten dürfen Eis essen, so viel sie wollen, und die Bösen müssen dabei zusehen. Das wär doch cool, oder?

Bevor Sie jetzt dazu ansetzen, Ihrem Kind zu erklären, dass sich all diese netten Ideen leider niemals in die Tat umsetzen lassen, weil der Mensch nun mal so ist, wie er ist, und dass ein Einzelner am Zustand der Welt leider nichts ändern kann, sollten Sie einen Moment innehalten.

Erstens: Ist es nicht begrüßenswert, wenn Ihr Kind ein so starkes Gerechtigkeitsempfinden besitzt, dass es die Welt verbessern möchte? Zweitens: Stimmt es überhaupt, dass ein Einzelner machtlos ist? Gab es nicht zu jeder Zeit Menschen, die die Welt tatsächlich verändert zurückgelassen haben? Alexander der Große, Jesus, Columbus, Kant … Nach ihnen war die Welt nicht mehr dieselbe. Und nicht alle von ihnen hatten Böses im Sinn: Martin Luther King, Gandhi – die Geschichte ist voll von Menschen, vor deren Beitrag wir uns demütig verneigen. Einem Kind bereits im Vorschulalter zu erklären, dass einer allein nichts bewirken und die Welt nicht zu einem besseren Ort machen könne, ist schlicht gelogen.

Warum also nicht auch mal hoch zielen? Geben Sie sich gemeinsam mit Ihren Kindern deren Allmachtsphantasien hin. Lassen Sie es über der Wüste regnen, ach was, einen Wasserhahn für jeden, und immer fließend Wasser, und für jedes Kind auf der Welt eine liebe Oma, die ihm vor dem Schlafengehen eine Geschichte vorliest und heimlich eine Handvoll Gummibärchen zusteckt!

Vielleicht können wir am Lauf und am Zustand der Welt tatsächlich nichts ändern. Vielleicht ist der Mensch einfach so, wie er ist, und uns bleibt nichts, als zu warten, bis auch die Hoffnung stirbt. Doch mit jedem neuen Kind wird auch eine neue Hoffnung geboren, und das letzte Wort ist noch nicht gesprochen.

89. Bonustrack – Eltern sind auch nur Kinder

Nach 88 Vorschlägen, was Sie alles mit Ihren Kindern erleben können, ist es für uns nun an der Zeit, Sie daran zu erinnern, dass Sie möglicherweise selbst noch Kind sind. Solange nämlich die eigenen Eltern leben, bleibt man, ob man will oder nicht und unabhängig davon, was man sonst noch so auf die Beine stellt, selbst Kind. Nehmen wir also für einen Moment den Blick von der nachfolgenden Generation und richten ihn auf die vorangegangene: Wie war das mit Ihren Eltern, die Sie womöglich unter Entbehrungen aufgezogen und vorbehaltlos geliebt, vielleicht aber auch vernachlässigt und alleingelassen haben? Gibt es etwas, dass Ihre Eltern immer gerne mit Ihnen erlebt hätten, aber nicht gemacht haben?

Und wie steht es mit Ihnen selbst? Haben Sie als Kind immer davon geträumt, von Ihrem Vater mit ins Fußballstadion genommen zu werden? Hätten Sie gerne mal richtig mit Ihren Eltern gestritten, was aber nie möglich war, weil diese reflexartig jeden aufkeimenden Konflikt unter den Teppich gekehrt haben? Sie wissen genau, dass Ihre Mutter ihr ganzes Leben lang mal den Grand Canyon sehen wollte? Möglicherweise alles drei? Solange Ihre Eltern am Leben und bei Verstand sind, ist es nicht zu spät.

Ein Letztes noch: Entscheidend ist natürlich die Intention. Über die sollten Sie sich zuvor Klarheit verschaffen. Weshalb will ich meinen Eltern, meinem Vater, meiner Mutter ausgerechnet den schönsten Ort zeigen, den ich kenne? Weshalb denke ich unwillkürlich daran, ihnen das Essen vorzusetzen, das ich selbst immer gehasst habe? Will ich ihnen etwas zurückgeben oder etwas heimzahlen? Will ich offene Rechnungen begleichen oder einfach nur «Danke!» sagen?

Vielleicht möchten Sie es ja mit einer versöhnlichen Geste verbinden. Sie selbst haben inzwischen ein Kind oder gar mehrere Kinder, eine eigene Familie, stehen mitten Leben, Halbzeit. Ein kurzer Blick über die Schulter genügt, um zu erkennen, dass so ein Leben verdammt schnell vorbeigeht. Wer weiß, wie viele Gelegenheiten Ihnen das Leben Ihrer Eltern noch bieten wird …

Alles Gute!

Das für dieses Buch verwendete FSC®-zertifizierte Papier
Classic liefert Stora Enso, Finnland.